KB238235

맛있는 과학

디스커버리 에듀케이션

맛있는 과학—50 마술

1판 1쇄 발행 | 2012. 8. 8.
1판 4쇄 발행 | 2018. 3. 11

발행처 김영사
발행인 고세규
등록번호 제 406-2003-036호
등록일자 1979. 5. 17.
주　소 경기도 파주시 문발로 197(우10881)
전　화 마케팅부 031-955-3102 편집부 031-955-3113~20
팩　스 031-955-3111

Photo copyright©Discovery Education, 2011
Korean copyright©Gimm-Young Publishers, Inc., Discovery Education Korea Funnybooks, 2012

값은 표지에 있습니다.
ISBN 978-89-349-5855-0 64400
ISBN 978-89-349-5254-1 (세트)

좋은 독자가 좋은 책을 만듭니다. 김영사는 독자 여러분의 의견에 항상 귀 기울이고 있습니다.
독자의견전화 031-955-3139 | 전자우편 book@gimmyoung.com | 홈페이지 www.gimmyoungjr.com
어린이들의 책놀이터 cafe.naver.com/gimmyoungjr | 드림365 cafe.naver.com/dreem365

어린이제품 안전특별법에 의한 표시사항

제품명 도서 제조년월일 2018년 3월 11일 제조사명 김영사 주소 10881 경기도 파주시 문발로 197
전화번호 031-955-3100 제조국명 대한민국 ⚠주의 책 모서리에 찍히거나 책장에 베이지 않게 조심하세요.

Discovery EDUCATION

맛있는 과학

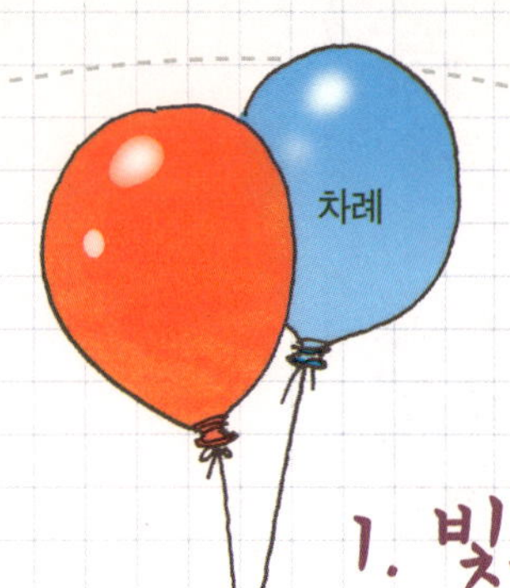

1. 빛의 성질을 이용한 마술

2. 탄성과 마찰을 이용한 마술

3. 공기의 압력을 이용한 마술

4. 운동의 법칙을 이용한 마술

5. 자력과 정전기를 이용한 마술

6. 인체의 특징을 이용한 마술

관련 교과

초등 3학년 2학기 4. 빛과 그림자
초등 6학년 1학기 1. 빛
중학교 2학년 5. 빛과 파동

1. 빛의 성질을 이용한 마술

여러분은 마술 공연을 본 적이 있나요? 마술사들의 손짓이나 주문에 따라 물건이 사라지기도 하고, 생기기도 하고, 또 물체가 움직이기도 해요. 정말 신기하지요? 그런데 과학의 원리를 이용한 마술 공연이 많다는 사실을 알고 있나요? 이번 장에서는 과학의 원리 중 빛의 성질을 이용한 마술의 세계로 여행을 떠나 봅시다.

 # 마술은 과학

마술의 비밀은 과학

마술사들은 어떤 원리를 이용하기에 신비한 마술 공연을 할 수 있을까
요? 마술 공연에서 일어나는 신기한 일은 모두 마법의 힘일까요? 우리는
마법의 힘 없이는 마술사가 될 수 없을까요? 그렇지 않습니다.

우리 주변에는 여러 가지 물건의 힘이나 성질로 나타나는 마술 같은 현
상이 많습니다. 이런 현상을 '과학적 현상'이라고 합니다. 평소에 우리가

잘 느끼지 못했던 공기의 힘이나 눈여겨 살펴보지 않았던 물질의 성질, 자주 사용하면서도 작동 원리를 몰랐던 생활 도구의 성질을 잘 이용하면 신기한 과학적 현상을 만들어 낼 수 있습니다. 이를 이용한 마술을 '과학 마술'이라고 합니다.

과학 마술사

과학 마술은 과학 원리를 이용해, 다른 사람들이 잘 모르고 지나치는 과학적 신기한 현상들을 공연으로 보여 주면서, 보는 사람을 즐겁게 해 주는 마술입니다.

이러한 과학 마술을 효과적으로 하기 위해서는 먼저, 과학 현상을 일으키는 데 필요한 '과학의 원리'를 이해해야 합니다. 그리고 그 원리에 맞게 차근차근 준비물을 준비하고 실험을 통해 연습해 보아야 하지요.

여러분은 수업 시간에 과학 실험을 해 본 경험이 있나요? 과학 실험을 할 때에는 먼저 무엇을 준비해야 할까요?

과학 실험을 준비할 때에는 먼저 그 실험이 무엇인지 잘 이해하고 있어야 합니다. 실험을 통해 증명하려는 원리와 이론에 대해 공부하고 이를 이해하는 것이 가장 중요합니다. 원리와 이론에 맞게 가설을 세우고 증명하는 것이 실험의 목적이니까요. 또한, 효과적으로 증명하기 위해서 실험 재료를 잘 준비해야 합니다. 그러면, 실험하는 동안 중요한 점은 무엇일까요? 과학 실험에서 가장 중요한 점은 실험의 '정확성'과 '안정성'입니다. 실험은 정확하고 안정하게 진행되어야 합니다. 이 점은 과학 실험을 진행하는 사

가설

어떤 사실을 증명하려고 임시로 세운 이론을 말합니다. 실험과 관찰을 통해 검증해서 보다 더 정확한 이론이 정립되기도 하고 가설로 그치는 경우도 있습니다.

람의 안전과도 매우 관계가 깊습니다.

이러한 주의 사항은 과학 실험을 이용해 마술 공연을 할 때도 마찬가지로 지켜져야 합니다. 게다가 과학 마술 실험은 정확하고 안정되게 진행되어야 보는 사람들이 의심 없이 신기한 현상을 믿을 수 있습니다.

또한 과학 마술 실험은 정확하고 순서에 맞게 진행되어야 다른 사람들 앞에서 원래 원하는 결과대로 보여 줄 수 있습니다. 마술사가 두서없이 진행한다거나 우왕좌왕하면서 실수를 하면, 원하던 결과가 나오지 않아 보는 사람들이 마술의 결과를 믿지 않을 수도 있습니다.

그리고 마술 공연을 할 때는 다른 사람 앞에서 과학 실험을 마술처럼 보이게 하는 '기술'이 필요합니다. 기술을 익히는 단계에서 가장 중요한 점은 연습입니다. 마술 공연의 99%는 연습을 통해 숙달된 기술로 이루어집니다. 과학의 원리를 잘 이해하고 실험을 정확하고 안정되게 잘 수행한 후에, 연습을 통해서 실험을 진행하는 기술을 익힌다면, 다른 사람들 앞에서 좀 더 그럴듯하게 공연할 수 있습니다. 자신이 진짜 마술사가 되었다고 생

각하면서, 세세한 부분까지 확인하고 정확하게 연습하며 준비해야 합니다. 재료도 미리미리 준비하고, 실험을 하면서 생길 수 있는 일들을 꼼꼼히 챙겨서 미리 준비해 두는 노력도 필요합니다.

그리고 마술사라면, 자신만의 주문을 하나씩 마련해 두는 것도 좋습니다. '수리수리마수리!', '호이호이 얍!', '또리또리 뿡!' 등 재미있는 주문은 마술을 보는 친구들까지도 즐겁게 해 줄 수 있습니다.

# 빛의 굴절

물이 반쯤 들어 있는 유리컵에 젓가락을 넣으면 마치 젓가락이 꺾인 것처럼 보입니다. 이렇게 보이는 이유는 빛의 굴절 때문입니다.

빛은 전달하는 물질이 같은 곳에서는 직진합니다. 빛이 공기 중이나 물속 중 어느 한 곳에서만 통과한다면 계속 직진하지요. 하지만 공기와 물이 만나는 면을 통과하면 꺾이게 됩니다. 이렇게 두 개의 서로 다른 물질의 경계 면에서 빛이 꺾이는 성질을 굴절이라고 합니다. 이런 현상은 빛이 물질을 통과할 때 생기는 속도 차이 때문에 일어납니다.

만약 하늘에서 나는 새가 물속에서 날갯짓을 한다면 공기 중에서보다 날갯짓이 느려집니다. 빛도 마찬가지로 공기 중과 물속을 통과할 때 속도의

물이 들어 있는 유리컵에 넣은 막대가 휘어 보이고 둥근 어항 속 금붕어가 실제보다 크게 보이는 이유는 빛의 굴절 때문이다.

차이가 납니다. 이 속도의 정도를 굴절률이라고 하
는데 공기와 물은 서로 굴절률이 다릅니다. 빛이 공
기를 지나 물을 만나는 경계 면에 들어가면, 진행
속도가 달라지므로 빛은 이때 가장 빠른 길을 찾아
나갑니다. 이 방향이 처음 공기 중의 빛의 방향과
달라서 빛이 꺾이게 됩니다. 반대로 빛이 물속에서
공기 중으로 나갈 때도 굴절이 생깁니다.

　물이 반쯤 들어 있는 유리컵 속 젓가락이 꺾여 보이는 현상은 공기 중에
서 물속으로 굴절되어 들어간 빛이 젓가락 표면에서 반사되어 공기 중으로
나올 때 다시 굴절되면서 우리 눈에 들어오기 때문입니다.

　이런 굴절 현상은 우리의 생활 속에서 많이 찾아볼 수 있습니다.

　냇가에 발을 담그면 다리가 실제보다 짧아 보이는 현상이나, 둥근 어항
속의 금붕어가 더 크게 보이는 현상, 사막이나 바다 한가운데서 일어나는

강의 표면이 빛나는 이유는 햇빛이 강물에 반사되기 때문이다.

신기루 현상도 모두 빛의 굴절 때문에 일어납니다.

그러면 이런 빛의 굴절 현상을 이용한 마술을 한번 살펴볼까요?

동전을 녹이는 마술 물

① 마술사의 공연

마술사는 관객에게 동전이 들어 있는 유리컵을 보여 줍니다.

"여기 유리컵 안에 동전이 보이지요? 이제부터 신기한 마술을 보여 드리겠습니다."

마술사는 물이 담긴 주전자를 보여 주며 말합니다.

"여기 주전자에 있는 물은 보통의 물입니다. 하지만 제가 주문을 외치면 마술 물로 변한답니다. 잘 보세요."

마술사가 주전자에 무언가를 뿌리는 시늉을 과장되게 하며 주문을 외칩니다.

"수리수리마수리 얍!"

마술사가 주전자를 들고 말합니다.

"자, 이제 주전자의 물은 마술 물로 변했습니다. 마술 물을 부으면 동전이 녹아서 사라집니다!"

마술사가 물을 붓자 유리컵 속의 동전이 신기하게도 사라졌습니다.

② **마술에 숨어 있는 과학**

우리가 사물을 볼 수 있는 이유는 물체에서 빛이 반사되어 우리 눈에 보이기 때문입니다. 그런데 빛이 서로 다른 물질을 통과하면, 그 경계 면에서 빛이 꺾이는 굴절 현상이 일어납니다.

물을 부으면 동전이 사라지는 마술은 바로 굴절 현상을 이용한 마술입니다. 처음에 마술사는 동전을 유리컵 속이 아니라 컵 밑에 놓아 둡니다. 관객이 옆에서 보면, 동전이 컵 속에 있다고 생각하기 쉽지요. 이때 컵에 물을 부으면 동전에서 반사된 빛이 유리 밑부분과 물의 경계 면에서 꺾여 컵 둘레에 반사됩니다. 그래서 결국 우리 눈에는 보이지 않게 되지요.

그런데, 만약 관객이 유리컵을 위에서 바라본다면 어떻게 될까요? 위에서 바라보면 옆에서 보는 것과 달리 굴절되는 각도 차이가 커지지 않기 때문에 물을 부어도 동전이 보이게 됩니다. 그러니까
이 마술을 할 때는 관객들의 시선이 유리컵보다
높지 않게 주의해야 합니다.

페트병에 동전 넣기

① 마술사의 공연

마술사는 물이 담긴 작은 페트병을 왼손에 들고, 오른손에 동전 하나를 들고 마술을 시작합니다.

"자, 제 손에는 페트병과 동전이 있습니다. 이 동전은 우리가 평소에 쓰는 보통 동전이지만 제가 입김을 훅 불면 새롭게 변합니다. 자, 하나, 둘, 셋! 훅!"

마술사가 동전에 입김을 붑니다.

"자, 이제 동전이 마술 동전으로 변했습니다. 동전이 어떻게 변했는지 잘 보세요. 얍!"

마술사는 동전을 쥔 손으로 페트병 바닥을 탁 칩니다. 그러자 손바닥에 있던 동전이 어느새 페트병 속으로 들어가 버립니다. 물론 손에는 더 이상 동전이 없지요. 아주 신기한 마술이지요?

② 마술에 숨어 있는 과학

'페트병에 동전 넣기' 마술도 굴절 현상을 이용한 마술입니다. 먼저 마술사는 페트병에 동전 하나를 넣고 물을 붓습니다. 그런 다음 페트병 속 동전을 페트병 옆면에 세로로 세워 놓습니다. 여기까지 되었으면 다른 동전 하나를 옷핀이 달린 고무줄과 연결해 놓습니다. 옷핀을 옷소매 안쪽에 고정하고 고무줄을 당겨 동전을 오른손에 잡고 마술을 시작합니다.

페트병 속에 세워진 동전은 물이 없을 때는 당연히 우리 눈에 보입니다. 하지만 물을 넣은 상태라면 공기 중에 있을 때와 빛의 굴절률이 달라져서 보는 각도에 따라 동전이 보이지 않게 됩니다. 관객들은 페트병을 정면으로 보면 동전이 안 보이지요.

이 상태에서 페트병 바닥을 치며 고무줄과 연결된 오른손에 쥐고 있던 동전을 놓으면 고무줄의 탄성에 의해 동전이 소매 안으로 들어갑니다. 그리고 그때 병 속에 세워진 동전이 페트병 바닥으로 떨어져 그제야 우리 눈에도 페트병 속 동전이 보이게 됩니다.

이 과정이 자연스럽게 연출되면 관객들은 오른손에 들고 있는 동전이 마치 페트병 속으로 들어간 것처럼 느끼게 됩니다.

물체에 외부에서 힘을 주면 부피와 모양이 바뀌었다가, 그 힘이 없어지면 원래의 모양으로 되돌아가려는 성질을 말합니다. 고무나 용수철 등에서 이러한 성질이 잘 나타납니다.

# 빛의 산란 현상

하늘은 왜 파랗게 보일까요? 그 이유는 빛의 산란 현상 때문입니다. 공기는 눈에 보이지 않는 작은 입자로 구성되어 있습니다. 빛이 이런 작은 입자들을 만나면 굴절하거나 통과하지 않고 여러 방향으로 흩어지는데, 우리 눈에는 한 가지 색으로 보이게 됩니다. 이렇게 빛이 공기 중 입자들과 부딪혀 퍼지는 현상을 빛의 산란이라고 합니다. 우리 눈에 보이는 빛인 가시광선 중에서는 파장이 짧은 빛일수록 산란이 잘 일어납니다. 그래서 파장이 짧은 보랏빛과 파란빛이 붉은빛보다 산란이 잘되지요. 그런데 하늘이 보라

먼지 알갱이가 적으면 빛이 잘 산란하지 않으므로 하늘이 더욱 파랗게 보인다.

색이 아닌 파란색으로 보이는 이유는 우리 눈이 보라색에 민감하지 않기 때문입니다. 그러면 동이 틀 때와 해질 무렵에 하늘이 빨갛게 보이는 이유는 무엇일까요? 해가 뜨고 질 때는 햇빛이 낮보다 두꺼운 대기를 통과하는데, 파란빛은 대부분 대기 속에서 산란되어 버리므로 땅까지 도착하지 못하고 붉은빛은 땅에 도달하기 때문입니다.

산란되는 빛은 입자의 크기에 따라 종류가 달라집니다. 만약 입자가 크면 붉은빛이나 노란빛을 잘 산란시키고, 입자가 작으면 보랏빛을 잘 산란시킵니다. 먼지같이 상대적으로 큰 입자는 모든 빛을 산란시키기 때문에 먼지가 많으면 하늘이 희뿌옇게 보입니다. 그래서 공기 중에 떠다니는 먼지가 햇빛을 받으면 하얗게 보이지만 먼지가 쌓인 곳은 검게 보이지요. 먼지가 적은 날일수록 하늘이 파랗게 보이는 현상도 같은 이치입니다.

그럼, 빛의 산란 현상을 이용한 마술을 한번 살펴볼까요?

신기한 예언 편지

흰 종이 두 장, 분무기, 색연필, 100원짜리 동전, 500원짜리 동전, 종이컵.

① 마술사의 공연

마술사는 관객에게 종이 한 장과 분무기 그리고 종이컵 하나를 보여 줍니다. 그다음 주머니에서 100원짜리 동전과 500원짜리 동전을 꺼냅니다.

"자, 이번에는 신기한 예언 마술을 보여 드리겠습니다. 지금 여기 100원짜리 동전과 500원짜리 동전이 있습니다. 두 동전 중 하나의 동전을 고르세요."

마술사의 말에 관객이 500원짜리 동전을 고릅니다.

"고른 동전을 종이컵에 넣으세요."

관객이 고른 동전을 종이컵에 넣으면 마술사는 관객을 향해 이렇게 말합니다.

"저는 이분이 종이컵에 500원짜리 동전을 넣을 것이라는 사실을 알고 있었습니다. 그래서 이 종이에 이미 결과를 써 놓았습니다. 예언이 보이나요?"

마술사가 들고 있는 종이에는 아무것도 쓰여 있지 않습니다.

"물론 이 종이는 그냥 보면 아무것도 보이지 않습니다. 하지만 이 종이에 마법의 물을 뿌리면 종이에 글씨가 나타날 것입니다."

마술사가 분무기로 종이에 물을 뿌리자, "종이컵 안의 동전은 500원입니다."라는 글씨가 나타납니다.

② 마술에 숨어 있는 과학

'신기한 예언 편지' 마술은 빛의 산란 현상을 이용한 마술입니다. 이 마술을 하기 위해서는 특별한 예언 종이를 만들어야 합니다. 먼저, 유리판이나 탁자 위에 종이 한 장을 펼쳐 놓고 분무기로 물을 뿌립니다. 그러고 난 후 그 위에 똑같은 크기의 종이를 올려 놓습니다. 그 종이 위에 색연필로 "종이컵 안의 동전은 500원입니다."라고 씁니다. 그 뒤, 위에 덮은 종이를 치우고 아래의 종이를 말리면 이 종이가 바로 예언의 종이가 됩니다. 예언의 종이를 가지고 마술을 시작합니다. 관객에게 500원과 100원을 보여 주고 그중에 하나를 고르라고 합니다. 만약 500원을 고르면 고른 동전을 컵에 넣으라고 하고 100원을 고르면 남아 있는 동전을 종이컵에 넣으라고 합니다. 관객이 어떤 동전을 선택하든 종이컵에는 500원짜리 동전이 들어가게 되지요. 그다음 종이에 물을 뿌리면 "종이컵 안의 동전은 500원입니다."라는 글씨가 나타납니다.

예언 종이에 쓰인 글씨는 왜 물에 젖으면 보일까요? 바로 빛의 산란 현상 때문입니다. 종이는 매우 작은 식물성 섬유들로 만들어져서 빛이 이 작은 입자들 주위로 퍼지는 산란 현상이 일어나므로 하얗게 보입니다.

종이에 물을 적시고 그 위에 다른 종이를 덮어 글씨를 쓰면 글씨를 쓴 부분은 눌려져 섬유들이 뭉쳐집니다. 이 상태의 종이를 말리면 종이가 수축되고 뒤틀리면서, 글씨를 써서 섬유들이 뭉쳐진 부분이 보이지 않게 됩니다. 하지만 물을 뿌리면 전체 종이의 산란 현상이 줄어들어 종이는 반투명해지고, 연필에 의해 눌려진 부분은 섬유들이 뭉쳐져 있어 빛의 산란이 유지되면서 글씨가 하얗게 나타나지요. 이 신기한 마술 종이는 종이 두 장과 분무기, 그리고 색연필만 있으면 누구나 만들 수 있습니다.

빛의 편광 현상

파동

공간이나 물체의 일부에 생긴 물리적인 상태의 주기적인 변화가 차차 어떤 속도로 둘레에 퍼져 가는 현상을 말합니다. 호수에 돌멩이를 던지면 물결이 퍼져 나가는 현상도 파동입니다.

선글라스는 빛의 편광 현상을 이용해 만들어졌다.

햇볕이 쨍쨍 내리쬐는 여름날의 해변에서는 햇빛을 가리기 위해 선글라스를 쓴 사람들을 흔히 볼 수 있습니다. 선글라스는 겉에서는 검게 보여서 쓰면 아무것도 보이지 않을 것 같지만 그렇지 않습니다. 선글라스를 쓰면 조금 어둡기는 하지만 충분히 사물을 볼 수 있습니다. 그 이유는 편광 현상 때문입니다.

빛은 파동의 성질이 있습니다. 빛의 파동은 줄넘기 줄을 한 쪽에서 잡고 다른 한 쪽에서 좌우로 흔들었을 때 볼 수 있는 출렁거림과 비슷합니다. 이러한 파동을 횡파라고 합니다. 횡파는 나아가는 방향과 수직으로 출렁거리며 움직이는 파동을 말합니다. 빛뿐만 아니라 라디오파도 횡파입니다. 빛은 상하좌우 모든 방향에서 출

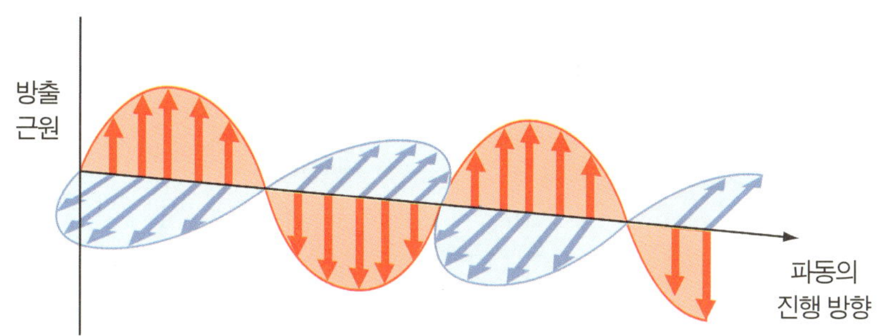

렁거리며 나아가는 수많은 파동의 다발입니다. 위 그림은 빛의 수많은 파동의 다발 중 한 개의 파동만을 표현한 그림입니다.

그런데 수많은 파동의 다발 중 한 가지 방향으로 진동하며 나아가는 빛만 가려낸다면 어떻게 될까요? 여러 방향으로 출렁이는 빛 중에 한쪽 방향으로 나아가는 빛을 편광이라고 합니다. 태양의 빛은 편광이 아니지만 특별한 물체인 편광판을 통과하면 특정한 방향으로 진동하는 빛만 남게 됩니다. 선글라스의 렌즈, 편광 필름, LCD 액정 같은 것들은 바로 이러한 원리를 이용합니다.

두 장의 편광판을 모두 한 방향으로 겹쳐 놓으면 편광이 통과되어 투명하게 보이지만 두 장의 편광판 중 하나는 그대로 두고 다른 하나를 회전시켜 90°를 이루면 편광판은 갑자기 어두워지게 됩니다. 첫 번째 편광판과 두 번째 편광판이 같은 방향으로 있을 때는 첫 번째 편광판을 통과한 빛의 파장이 두 번째 편광판도 그대로 통과하지만, 두 편광판이 서로 90°로 엇갈리면 첫 번째 편광판을 통과한 빛의 파장이 두 번째 편광판에 가로막혀 더 이상 나갈 수 없게 되기 때문입니다.

이러한 빛의 편광 현상을 이용한 마술을 한번 살펴볼까요?

벽을 통과하는 탁구공

① 마술사의 공연

마술사가 탁구공이 들어 있는 작은 상자를 보여 줍니다. 상자의 앞뒤에는 투명한 비닐이 붙어 있어 탁구공의 움직임을 볼 수 있고, 상자 가운데에는 검은 판이 가로막혀 있습니다.

"지금부터 신기한 탁구공 마술을 보여 드리겠습니다. 지금 상자 속의 탁구공을 굴리면 가운데 검은 가로막에 걸려 멈춥니다."

마술사가 이렇게 말하고 상자를 기울이자, 탁구공이 정말 검은 판에 걸려 멈춥니다

"하지만 마법의 가루를 뿌리면 탁구공이 벽을 통과합니다."

마술사가 가루를 뿌리고 상자를 기울이자 정말 탁구공이 검은 벽을 쏙 통과합니다.

② 마술에 숨어 있는 과학

이 마술은 빛의 편광 현상을 이용한 마술입니다. 이를 위해서 먼저 마술 상자를 만들어야 합니다. 옆의 전개도처럼 도화지를 오리고 편광 필름을 서로 방향이 다르게 붙입니다. 이렇게 붙이면 가운데에 검은색 벽처럼 어

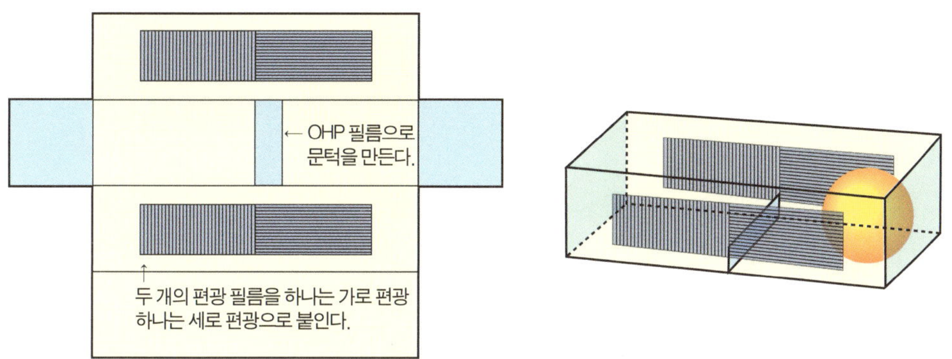

두운 부분이 생깁니다. 가로로 빛이 통과되는 편광 필름과 세로로 빛이 통과되는 편광 필름이 서로 붙어 있어서 그 경계 면은 빛이 통과하지 않으므로 검게 보이지요. 또한 상자 바닥에는 OHP 필름으로 문턱을 만듭니다. 이렇게 하면 탁구공이 굴러가다가 걸려 멈추게 됩니다.

　마술사는 가운데 벽 때문에 탁구공이 부딪힌 것처럼 보여 준 뒤 상자를 거꾸로 돌려 문턱이 없는 부분으로 탁구공을 굴리면 탁구공이 벽을 통과한 것처럼 보이게 됩니다.

문제 1 우리 생활에서 쉽게 찾아볼 수 있는 빛의 굴절 현상의 예를 이야기해 보세요.

문제 2 공기 중에 떠도는 먼지는 하얗게 보이는데 실제 먼지는 왜 검을까요?

4. 과학 마술은 과학의 원리를 이용해 다른 사람들이 잘 모르고 지나치는 과학적 현상들을 공연으로 보여 주며 사람들을 즐겁게 해 주는 마술입니다. 과학 마술을 하는 동안 가장 중요한 점은 마술 실험의 정확성과 안정성입니다.

문제 3 빛의 편광이란 무엇인가요?

문제 4 과학 마술이 무엇인가요? 그리고 과학 마술에서 가장 중요한
점은 무엇인가요?

정답

1. 냇가에 발을 담그면 실제 다리보다 짧아 보이는 현상이나, 둥근 어항 속의 금붕어가 더 크게 보이는 현상, 사막이나 바다 한가운데에서 일어나는 신기루 현상 등이 있습니다.

2. 먼지는 원래 색이 검지만 작은 입자여서 모든 빛을 산란시키기 때문에 공기 중에서는 희뿌옇게 보입니다.

3. 여러 방향으로 출렁이는 빛 중에 한쪽 방향으로만 출렁거리며 나아가는 빛을 편광이라고 합니다.

관련 교과

초등 4학년 1학기 1. 무게 재기
초등 5학년 2학기 8. 에너지
중학교 1학년 9. 정전기

2. 탄성과 마찰을 이용한 마술

여러분은 어떤 도구를 이용한 마술을 가장 좋아하나요? 하얀 종이로 비둘기를 만드는 마술이라고요? 아니면 꽃을 이용한 마술이라고요? 이번 장에서는 고무와 풍선을 이용해 아주 재미있는 탄성과 마찰에 관한 마술을 함께 알아봅시다.

탄성력

　혹시 고무줄 새총을 만들어 본 적이 있나요? 새총은 Y 자 모양으로 생긴 나뭇가지에 고무줄을 걸고 돌멩이를 끼워 튕기는 기구입니다. 나뭇가지에 건 고무줄을 당기면 고무줄은 길게 늘어납니다. 이때 당기던 손을 놓으면 고무줄은 원래 모양대로 돌아오고 돌멩이가 튕겨 나가지요.

　고무줄 새총처럼 힘을 주면 변화했다가 힘을 주지 않으면 다시 원래 모습으로 돌아가는 힘을 탄성력 또는 복원력이라고 합니다. 우리 생활에서 쓰이는 용수철저울은 이러한 탄성력을 이용한 기구입니다. 용수철저울에 물체를 매달면 매단 물체의 무게만큼 용수철 길이도 일정하게 늘어납니다.

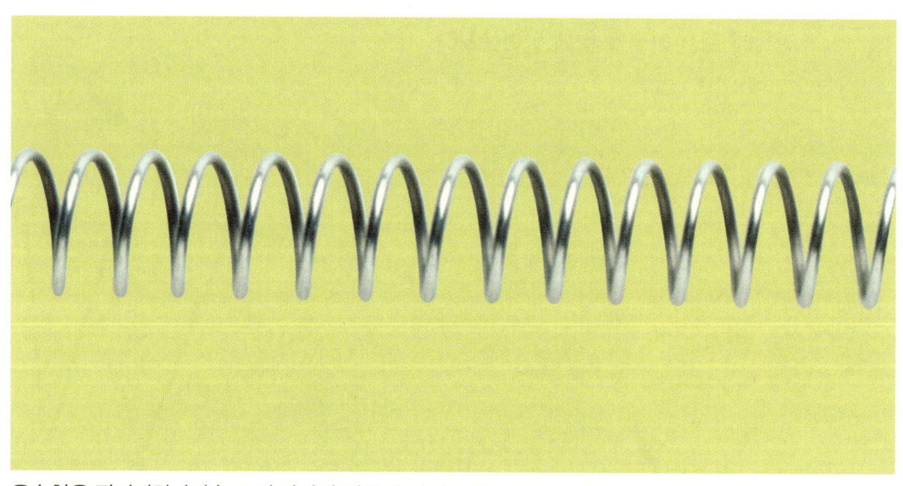

용수철을 잡아당겼다가 놓으면 탄성력 때문에 원래 모양으로 돌아간다.

물체를 떼면 용수철은 다시 원래 모양으로 돌아가지요. 그런데 만약 고무

줄을 계속 잡아당기면 어떻게 될까요? 고무줄이 계속해서 늘어날까요? 그렇지는 않습니다. 고무줄은 늘어나다가 어느 순간 끊어집니다. 용수철도 마찬가지입니다. 용수철을 잡아당기다가 놓으면 원래 모양으로 되돌아가지만 계속 용수철을 잡아당기면 원래 모양으로 돌아가지 않습니다.

이렇게 어떤 물체가 외부에서 힘을 받았을 때 다시 원래 모양으로 돌아가는 힘의 범위를 탄성한계라고 합니다. 탄성한계는 탄성력을 가진 물체마다 다릅니다. 그리고 탄성한계를 넘는 힘을 가하면 그 물체는 원래 모습대로 돌아가지 못합니다.

용수철 이외에 생활 속에서 탄성력을 이용하는 것으로는 계속 튀어 오르는 농구공, 번지 점프 할 때 늘어났다가 줄어드는 줄, 침대 속의 스프링 등이 있습니다.

그럼, 이런 탄성력을 이용한 마술을 한번 살펴볼까요?

농구공이 튀어 오르는 현상도 탄성력 때문이다.

고무줄 순간 이동

① 마술사의 공연

마술사가 고무 밴드 한 개를 관객에게 보여 줍니다.

"자, 여기 평범한 고무 밴드 한 개가 보이지요? 이 고무 밴드를 손가락에 걸겠습니다."

마술사가 왼손 검지와 중지 사이에 고무 밴드를 겁니다. 그러고는 왼손을 오므려 주먹을 쥡니다.

"자, 이제 제가 주문을 외우면 제 손가락에 있는 고무 밴드가 순간 이동을 합니다. 수리수리마수리 얍!"

마술사는 주문과 함께 손을 폅니다. 그러자 검지와 중지 사이에 있던 고무 밴드가 어느새 약지와 새끼손가락 사이로 이동해 있습니다.

② 마술에 숨어 있는 과학

'고무줄 순간 이동'은 고무 밴드의 탄성력을 이용한 마술입니다. 마술사가 검지와 중지에 걸어 놓았던 고무 밴드를 관객에게 보여 준 후 손을 오므리는 순간, 오른손으로 고무 밴드의 한쪽을 잡아당깁니다. 그리고 엄지를 제외한 손가락 네 개를 고무 밴드의 안쪽에 걸쳐 넣습니다. 이러면 고무줄이 늘어난 상태가 됩니다. 이때 네 손가락을 동시에 펴면 고무 밴드는 제 모습으로 돌아오는 과정에서 검지와 중지에서 빠져나와 약지와 새끼손가락 사이로 옮겨 가게 되지요. 물론 순서를 바꿔서 약지와 새끼손가락에 걸고 해도 같은 결과가 나옵니다.

색깔이 변하는 풍선

① 마술사의 공연

마술사는 빨간색 풍선 한 개를 가져와 사람들에게 보여 줍니다.

"여기 빨간색 풍선이 있습니다. 아무런 흠집도 없는 빨간색 풍선입니다. 그런데 저는 빨간색보다 파란색을 더 좋아합니다. 이 파란색 손수건처럼 말이지요."

마술사가 이렇게 말하며 파란색 손수건을 꺼냅니다.

"그럼 지금부터 주문을 외우며 파란색 손수건으로 빨간 풍선을 쓱쓱 문질러 보겠습니다. 수리수리마수리 얍!"

마술사가 주문을 외우며 파란색 손수건으로 문지르자 빨간색 풍선이 어느새 파란색으로 변했습니다.

② 마술에 숨어 있는 과학

우리가 흔히 장난감으로 사용하는 풍선은 얇은 고무로 만들어져서 잘 늘어나고 줄어듭니다. 바로 탄성력이 크다는 이야기이지요. '색깔이 변하는 풍선'은 고무풍선의 탄성력을 이용한 마술입니다.

먼저 빨간 풍선 안에 파란 풍선을 넣습니다. 그리고 두 풍선을 동시에 붑니다. 입으로 불기 어려우면 풍선용 펌프를 이용해도 됩니다. 이렇게 풍선을 불고 난 후에 넓은 투명 테이프를 잘라 접착 면의 3분의 1을 바로 옆 3분의 1과 마주 보게 접어서 간이 손잡이를 만든 뒤 나머지 3분의 1을 풍선에 붙입니다. 이렇게 하면 풍선을 쉽게 잡아당길 수 있는 투명 테이프 손잡이가 만들어집니다.

마술사는 빨간 풍선보다 파란 풍선을 좋아한다고 말하며 파란색 손수건으로 쓱쓱 문지르는 시늉을 하면서 투명 테이프로 만든 손잡이를 잡아당깁니다. 그러면 빨간 고무풍선이 찢어지면서 원래 모양대로 수축하고 빨간 풍선 속에 있던 파란 풍선이 모습을 드러내게 됩니다.

 # 마찰력

우리가 땅에서 걸어 다니거나 뛰어다닐 때와 눈과 빙판에서 스키나 스케이트를 탈 때를 비교해서 생각해 봅시다. 자유롭게 몸을 움직일 수 있는 곳은 땅 위인가요, 아니면 눈과 빙판 위인가요? 당연히 빙판 위보다 땅 위에서 더 자유롭게 움직일 수 있습니다.

이번에는 썰매 끌 때를 생각해 봅시다. 땅 위의 썰매와 빙판 위의 썰매 중 어느 썰매를 더 쉽게 끌 수 있나요? 당연히 얼음 위의 썰매를 더 쉽게 끌 수 있습니다. 이렇게 땅 위와 얼음 위가 차이 나는 이유는 마찰력 때문입니다.

마찰력은 물체의 운동을 방해하는 힘으로, 물체의 표면이 서로 스칠 때 발생합니다. 또한 물체가 움직이지 않더라도 물체의 표면과 지면 사이에는 마찰력이 작용합니

미끄럼틀처럼 매끄러운 판은 마찰력이 작다.

다. 이 마찰력을 정지마찰력이라고 합니다.

마찰력은 왜 생길까요? 매끄러운 유리 표면이나 얼음판도 현미경 같은 기구를 사용해서 아주 자세히 들여다보면 표면이 매우 거칠다는 점을 알 수 있습니다. 이처럼 겉으로는 매끄러워 보이는 물체도 사실은 표면이 거칠기 때문에 맞닿았을 때 마찰할 수밖에 없습니다. 두 물체의 거친 표면이 만나면 서로의 움직임을 방해하는 작용이 발생하기 때문입니다.

거친 표면 말고도 마찰력을 일으키는 또 다른 요인이 있습니다. 붙어 있는 매끄러운 금속판 두 장이나 유리판 두 장을 떼어 내기 어려운 이유는 두 표면이 만나면서 순간적으로 서로 달라붙는 현상이 일어나기 때문입니다. 이 경우에도 마찰력이 발생합니다.

그럼 마찰력에 영향을 주는 조건에는 무엇이 있을까요? 상자를 끌고 가

는 것보다 상자에 바퀴를 달고 가는 것이 수월하고, 땅 위보다 얼음판이 더 미끄러우며, 물이 묻은 유리판 두 장을 떼기 어려운 점을 보면 쉽게 알 수 있습니다. 바로 접촉하는 면의 크기, 맞닿는 두 표면 사이의 마찰 정도, 습도 등이 마찰력을 변화시킵니다.

그럼, 이런 마찰력을 이용한 마술을 한번 살펴볼까요?

두 손가락의 힘

① 마술사의 공연

마술사는 물티슈 두 장을 겹쳐 아코디언 모양으로 접은 후 관객에게 말합니다.

"물티슈를 한 번 떼어 보세요."

관객이 쉽게 두 장의 물티슈를 떼어 내자 이번에는 마술사가 자기 손가락의 엄지와 검지 끝을 붙여 고리 모양으로 만들고 말합니다.

"그럼 이번에는 붙어 있는 제 손가락을 양손으로 떼어 보세요. 역시 물티슈처럼 쉽게 떼어집니다. 두 손가락의 힘은 그리 크지 않으니까요. 하지만 물티슈와 제 손가락에 주문을 외면 놀라운 일이 일어납니다."

② 마술에 숨어 있는 과학

두 손가락으로 물티슈를 떼어 내는 이 마술은 물티슈에서 생기는 마찰력을 이용한 마술입니다. 물티슈 두 장을 겹치고 아코디언 모양으로 접으면 물티슈 사이의 접촉면이 넓어집니다. 하지만 마찰력이 그리 크지 않으므로 손쉽게 떼어 낼 수 있습니다. 그런데 두 손가락으로 물티슈 두 장이 겹쳐진 부분을 누르면 물티슈끼리 더욱 밀착하게 됩니다. 손가락이 위아래로 누르는 힘에 의해서 마찰력이 더욱 커지지요. 이 상태에서는 잡아당기는 힘보다 마찰력이 더 커지게 되므로 물티슈 양쪽을 세게 잡아당겨도 물티슈는 쉽게 떨어지지 않습니다.

고무줄 엘리베이터

① 마술사의 공연

마술사는 고무줄 한 개와 반지를 관객에게 보여 줍니다.

"여기에 고무줄 하나와 반지가 있습니다. 여러분은 모든 물체가 땅으로 떨어진다는 사실을 잘 알고 있지요? 바로 지구의 중력 때문입니다. 그런데 마술을 부리면 이러한 중력도 거스를 수 있는 힘이 생깁니다."

마술사는 반지에 꿴 고무줄을 비스듬하게 기울여 보여 줍니다.

"이렇게 고무줄에 걸려 있는 반지에 마법의 주문을 외우고 뚫어지게 바라보면 점점 반지가 위로 올라가게 됩니다. 수리수리마수리 얍!"

마술사의 주문과 함께 신기하게도 반지가 고무줄을 타고 점점 올라갑니다.

② 마술에 숨어 있는 과학

'고무줄 엘리베이터' 마술은 고무줄의 탄성과 반지와 고무줄 사이의 마찰력을 이용한 마술입니다. 마술사는 고무줄을 반지에 꿰고 나서 비스듬하게 기울일 때 고무줄을 최대한 잡아당깁니다. 고무줄에 걸린 반지는 고무

줄 사이의 마찰력 때문에 위치가 변하지 않습니다. 그런데 잡아당긴 고무
줄을 천천히 원래 길이로 되돌리면 고무줄만 줄어들어서 마치 반지가 고무
줄을 타고 위로 올라가는 것처럼 보이지요. 이때 너무 빨리 손의 힘을 풀면
반지와 고무줄 사이의 마찰력보다 고무줄의 탄성이 커져 반지가 흘러내릴
수도 있으니 주의하세요.

마술사의 친구, 흰 비둘기

마술을 도와주는 비둘기 가운데 가장 쉽게 찾아볼 수 있는 비둘기는 바로 흰 비둘기입니다. 왜 다른 색의 비둘기를 쓰지 않을까요? 야생 비둘기나 집비둘기보다 흰 비둘기가 길들이기 쉽고 순하기 때문입니다.

그러나 아무 흰 비둘기나 마술에 쓰지는 않습니다. 러시아의 흰 비둘기와 염주비둘기를 주로 씁니다. 러시아 흰 비둘기는 몸집이 작고 움직임이 많지 않습니다. 또한 길들이기가 쉽고 날개를 펼치면 커 보이며 기품이 있어 보인다는 특징이 있습니다. 염주비둘기도 비슷한 특징이 있습니다.

마술사들이 공연할 때 주로 턱시도를 입는 이유는 품위와 멋을 위해서입니다. 마술이 품격을 중시하는 만큼 사용하는 도구들도 멋과 기품이 있어야 합니다. 그래서 작고 귀여우면서도 깔끔하고 기품이 있는 흰 비둘기를 마술 공연에 사용합니다.

마술에 자주 쓰이는 흰 비둘기.
ⓒ Felagund@the Wikimedia Commons

문제 1 생활 속에서 탄성력을 이용한 것으로는 무엇이 있을까요?

문제 2 고무줄을 계속 잡아당기면 결국 어떻게 되나요? 그 까닭은 무엇인가요?

3. 고무줄의 탄성과 반지와 고무줄 사이의 마찰력 때문입니다. 고무줄에 걸린 반지는 반지와 고무줄 사이의 마찰력 때문에 위치가 변하지 않는데, 늘였던 고무줄을 원래 길이로 되돌리면 고무줄만 줄어들어서 마치 반지가 위로 올라가는 것처럼 보입니다.

4. 마찰력이 커지게 하려면 '물티슈를 이용한 마술'에서처럼 접촉하는 면을 크게 하고 맞닿는 두 표면 사이의 마찰이 있어야 하며 어느 정도의 습기가 있어야 합니다.

문제 3 ‘고무줄 엘리베이터’ 마술에서 고무줄에 걸린 반지가 중력에 의해 아래로 내려가지 않고 위로 올라가는 이유는 무엇인가요?

문제 4 마찰력이 커지게 하려면 어떻게 해야 하나요?

관련 교과

초등 3학년 2학기 1. 액체와 기체의 부피
초등 6학년 1학기 2. 산과 염기
중학교 2학년 1. 열에너지

3. 공기의 압력을 이용한 마술

우리는 공기 덕분에 이 땅에서 자유롭게 숨 쉬고 뛰어놀 수 있습니다. 눈에 보이지도 않고 냄새를 맡을 수도 없지만 우리는 공기 없이 한순간도 살 수 없어요. 이렇게 고마운 공기를 이용한 마술에는 무엇이 있는지 함께 알아볼까요?

기압

　평소 우리는 공기가 있다는 사실을 잘 느끼지 못합니다. 하지만 바람이 세차게 불 때나, 펌프로 공기를 가득 채운 축구공을 보면 생각이 달라집니다. 이렇듯 공기는 눈에 보이지 않는데 무게가 있을까요?

　과학자들이 이 문제에 대한 답을 밝혔습니다. 과학자들은 플라스크의 무게와 진공 펌프로 공기를 빼낸 플라스크의 무게를 비교해서 공기에 무게가 있다는 사실을 밝혀냈습니다.

　지구는 공기로 가득 차 있습니다. 지구의 공기인 대기의 무게를 기압이라고 합니다. 기압은 지구를 둘러싼 대기의 압력이지요. 이탈리아의 과학자 토리첼리는 수은이 든 그릇 안에 수은을 가득 채운 1m의 유리관을 거꾸로

4,200m, 2,700m, 300m에서의 기압에 따른 변화.

세우면 유리관의 수은이 약 76cm 높이까지 내려와 멈춘다는 사실을 발견했습니다. 유리관의 수은이 더 이상 내려가지 않고 76cm에서 멈춘 이유는 공기의 무게 때문입니다. 이때의 기압을 1기압이라고 합니다.

기압은 주변 온도에 영향을 받습니다. 온도가 높으면 기압도 올라갑니다. 반대로 온도가 낮아지면 기압도 내려갑니다. 주변의 기압보다 기압이 상대적으로 높으면 고기압, 주변의 기압보다 기압이 상대적으로 낮으면 저기압이라고 합니다. 또한 대기는 기압이 높은 쪽에서 낮은 쪽으로 이동하는데 이렇게 공기가 고기압에서 저기압으로 이동하는 현상이 바로 바람입니다.

이런 기압을 이용한 마술을 한번 살펴볼까요?

이탈리아의 수학자이자 물리학자입니다. 그리스의 고전기하학과 천문학을 배워 코페르니쿠스설을 지지하는 동시에 갈릴레이의 역학을 전개했으며 수은기압계를 발명했습니다.

토리첼리의 사진이 인쇄된 우표.

마술로 찌그러지는 페트병

① 마술사의 공연

마술사는 관객 앞에 물컵 하나와 빈 페트병을 보여 줍니다.

"자, 보시다시피 이 페트병은 물을 담는 보통의 페트병입니다."

마술사가 이렇게 말하며 물컵에 있는 물을 페트병에 부었다가 이리저리 보여 준 뒤 다시 물을 모두 따라 버립니다. 마술사는 페트병의 마개를 완전히 막고 나서 관객에게 말합니다.

"자, 그럼 이 빈 페트병을 마술의 힘으로 찌그러트리겠습니다. 물론 손을 전혀 대지 않고 말이지요. 그럼 시작합니다!"

마술사가 페트병을 바라보며 마법의 가루를 뿌리는 시늉을 합니다. 잠시 후 페트병이 놀랍게도 조금씩 찌그러지기 시작합니다.

② 마술에 숨어 있는 과학

'마술로 찌그러지는 페트병'은 기압의 차를 이용한 마술입니다. 이 마술은 한여름에 에어컨이 작동되는 곳에서 공연하면 더 좋은 효과를 낼 수 있습니다.

처음에 마술사가 가지고 온 물컵에는 더운물이 들어 있습니다. 마술사가 페트병에 아무런 이상이 없다고 보여 주면서 더운물을 페트병에 한 번 부었다 빼면, 페트병 속의 온도는 올라가고 그에 따라 페트병 속 공기가 팽창하여 주변보다 기압이 높아집니다. 이때, 마술사가 마개를 막으면 페트병의 공기는 다른 곳으로 이동할 수 없게 됩니다.

이때부터 마술이 시작됩니다. 페트병 속 공기의 온도는 주변의 차가운 공기 때문에 점점 내려갑니다. 이에 따라 페트병 속의 공기는 자연스럽게 수축되고 기압도 낮아집니다. 이렇게 되면, 팽창되었던 공기가 차지했던 공간 만큼이 비기 때문에 그 공간을 막기 위해 페트병이 안으로 찌그러지고 맙니다.

미리 페트병에 더운물을 부어 놓고 시작하거나 얇은 페트병을 이용하면 더욱더 큰 효과를 볼 수 있습니다.

물체의 질량이 일정하게 유지되면서 부피가 커지는 현상을 말합니다. 찌그러진 탁구공을 뜨거운 물속에 넣으면 찌그러진 곳이 펴지는 이유도 탁구공 속 공기가 팽창하기 때문입니다.

마술로 세진 입김

① 마술사의 공연

마술사는 페트병과 풍선을 준비하고 관객에게 말합니다.

"지금부터 사람의 힘을 세지게 하는 마술을 하겠습니다. 여기 풍선 하나와 페트병 한 개가 있습니다. 여러분 중에 힘이 세다고 자신하시는 분이 계시면 앞으로 나와 주세요."

마술사는 관객을 나오게 하고 페트병 속에 풍선을 넣고 말합니다.

"시작이라는 소리에 맞춰 페트병 속 풍선을 힘껏 불어 주세요! 자, 시작!"

마술사가 외치는 소리와 함께 관객이 풍선을 불지만 풍선은 전혀 부풀지 않습니다.

"잘 부풀지 않네요. 이럴 때는 마법의 가루가 도움이 됩니다. 제가 마법의 가루로 이분의 입김을 세게 만들겠습니다."

마술사가 이렇게 말하고 관객에게 무언가 뿌리는 시늉을 합니다.

"이제 다 되었습니다. 그럼 다시 한 번 불어 볼까요? 준비되셨지요? 시작!"

관객이 입김을 다시 불자 신기하게도 이번에는 페트병 속에서 풍선이 부풀기 시작합니다.

② 마술에 숨어 있는 과학

'마술로 세진 입김'은 공기의 압력과 관련된 마술입니다. 먼저, 페트병에 작은 구멍을 뚫어 놓습니다. 관객이 처음 풍선을 불 때는 페트병에 뚫어 놓은 구멍을 손으로 막게 하고 두 번째로 마법의 가루를 뿌리는 시늉을 한 뒤에는 열게 합니다.

구멍이 막힌 페트병에는 공기가 가득 차 있습니다. 이때, 풍선을 넣고 불면 페트병 속의 기압이 입으로 부는 풍선의 압력보다 크기 때문에 풍선은 부풀지 않습니다.

하지만 구멍이 열려 있으면 달라집니다. 풍선이 부풀어 오름에 따라 밀려나는 공기가 구멍을 통해 페트병 밖으로 빠져나가기 때문에 풍선은 쉽게 부풀게 됩니다. 이때는 풍선의 압력이 페트병 속 공기의 압력보다 큽니다.

유령의 엉덩이

① 마술사의 공연

마술사는 신문지 한 장과 나무 막대를 들고 등장합니다.

"여기 평범한 나무 막대와 신문지 한 장이 있습니다. 이제부터 제가 하는 마술은 유령의 힘을 이용한 신기한 마술입니다."

마술사는 책상 위에 나무 막대가 삐죽 나올 수 있도록 막대의 3분에 2 정도만 책상에 걸쳐 놓습니다. 그리고 그 위에 신문 한 장을 넓게 펼쳐 놓습니다.

"여기 보다시피 가벼운 신문 한 장이 있습니다. 그 아래의 막대를 누르면 당연히 신문이 들려 올라갑니다. 신문은 아주 가벼우니까요."

마술사는 이렇게 말한 후 주머니에서 작은 병을 꺼냅니다.

"이 병 안에는 눈에 보이지는 않지만 유령이 있습니다. 이 유령은 원래 몸집이 커다랗습니다. 유령을 지금부터 꺼내 보겠습니다."

마술사는 작은 유리병의 뚜껑을 열고 신문지 위에 무언가를 뿌리는 시늉을 합니다.

"여러분 눈에는 안 보이겠지만 유령이 아주 커져서 이 신문지 위에 엉덩이를 깔고 앉았습니다. 믿지 못하겠다고요? 그럼 제가 나무 막대를 힘차게 내리쳐 보겠습니다. 하나, 둘, 셋, 얍!"

마술사가 힘차게 나무 막대를 내리치자 신기하게도 신문지는 들려 올라가지 않고 막대만 두 동강이로 부러집니다.

② 마술에 숨어 있는 과학

'유령의 엉덩이'는 공기의 무게가 얼마나 되는지를 확실히 알 수 있는 마술입니다. 이 마술에 유령은 존재하지 않습니다. 오직 기압이 존재할 뿐입니다.

일반적으로 우리를 누르는 기압의 힘은 1기압입니다. 무게로 따지면 약 10t에 가깝습니다. 그런데 우리는 이렇게 무거운 공기의 무게를 왜 느끼지 못할까요? 그 이유는 자유롭게 흩어지는 공기의 성질 때문입니다.

나무 막대로 신문지를 천천히 들어 올리면 공기가 흩어지는 시간이 충분하여 쉽게 들어 올릴 수 있지만 아주 빠르게 신문지를 내리치면 신문지 위를 누르는 공기가 채 흩어지지 못합니다. 흩어지지 못한 공기의 압력을 그대로 받은 나무 막대는 그 힘을 견디지 못하고 부러지게 됩니다.

이산화탄소의 성질

승화

액체 상태를 거치지 않고 고체가 바로 기체가 되거나 기체가 바로 고체가 되는 현상을 말합니다.

이산화탄소를 높은 압력으로 압축 냉각해 만드는 드라이아이스.
ⓒ Zephyris@the Wikimedia Commons

탄산음료 속에 녹아 있는 이산화탄소.

아이스크림 가게에서는 아이스크림을 포장할 때 녹지 않게 하려고 하얀색 얼음덩어리 같은 고체를 같이 넣어 줍니다. 이 고체는 얼음이 아니라 드라이아이스입니다. 드라이아이스는 이산화탄소를 높은 압력으로 압축 냉각해서 만든 고체입니다. 드라이아이스를 그대로 두면 기체가 되어 날아갑니다. 이러한 현상을 승화라고 합니다. 승화가 일어나면 주변의 열도 빼앗아 가기 때문에 아이스크림이 잘 녹지 않습니다.

이산화탄소가 물에 녹으면 약한 산성 용액이 되는데 이때 생기는 약한 산을 탄산이라고 합니다. 이산화탄소를 녹일 때 압력을 높이고 온도를 낮추면 더 많은 양을 녹일 수 있습니다. 이 방법으로 탄산음료가 만들어집니다. 탄산음료를 마시면 톡 쏘는 것처럼 느껴지는 이유는 입속에 들어가면 온도가 높아지고 압력이 낮아져 음료 속에 녹아 있는 이산화탄소가 쉽게 튀어나오기 때문입니다.

이산화탄소는 수산화칼슘과 만나면 흰색의 앙금인 탄산칼슘을 만듭니다. 석회수는 수산화칼슘을 물에 녹인 용액입니다. 석회수에 이산화탄소를 통과시키면 탄산칼슘이 만들어져 용액이 뿌옇게 흐려집니다. 석회수에 날숨을 불어 넣으면 석회수가 뿌옇게 흐려지는데 이로써 우리가 숨을 내쉴 때 이산화탄소가 나온다는 사실을 알 수 있습니다.

이런 이산화탄소를 이용한 마술을 한번 살펴볼까요?

콜라 캔 고르기

① 마술사의 공연

마술사는 두 개의 콜라 캔을 관객에게 보여 줍니다.

"여기에는 콜라 캔 두 개가 있습니다. 이 두 개의 콜라 캔으로 재미있는 마술을 해 보겠습니다. 우선 여러분 중에 한 분이 도와주셔야 합니다."

관객 한 명이 나오면 마술사는 두 개의 콜라 캔을 주고 말합니다.

"이분이 두 눈을 감고 뒤돌아 있는 동안 저는 두 개의 캔 중에 하나를 힘껏 흔들겠습니다."

관객이 고개를 돌리자, 마술사는 두 개의 콜라 캔을 모두 힘차게 흔듭니다. 다른 관객들에게 조용히 하라는 시늉을 합니다.

"자, 이제 다 흔들었습니다. 고개를 돌려 주세요. 두 캔 중 어느 캔을 흔들었는지 이분은 모르시겠지요? 둘 중에 흔들지 않은 콜라 캔을 이분이 맞추도록 하겠습니다. 어렵다고요? 그럼 제가 도움을 드리겠습니다. 지팡이로 각각의 캔을 두드려 보면 소리가 다르다는 사실을 알 수 있을지도 모릅니다."

마술사는 지팡이로 두 개의 콜라 캔 윗부분을 각각 두드립니다.

"자, 이제 한번 골라 보시죠."

마술사의 말에 관객은 주저하다가 하나를 고릅니다. 마술사는 관객이 고른 콜라 캔을 들고 관객에게 직접 따 보라고 시킵니다. 관객이 콜라 캔을 따자 신기하게도 콜라가 넘치지 않습니다.

"그럼, 다른 콜라 캔은 어떤지 살펴볼까요?"

마술사가 관객에게 이야기한 후 나머지 콜라 캔을 땁니다. 그러자 콜라가 부글부글 넘칩니다.

② 마술에 숨어 있는 과학

'콜라 캔 고르기'는 콜라 속에 들어 있는 이산화탄소를 이용한 마술입니다. 보통 콜라 캔을 마구 흔들고 캔을 따면 콜라가 흘러넘칩니다. 캔을 흔들수록 콜라 속에 녹아 있던 이산화탄소가 밖으로 나오기 때문에 캔 속 기압이 높아지게 됩니다. 이때 뚜껑을 열면 기압이 낮은 쪽으로 콜라가 한꺼번에 분출되지요.

이 마술에서도 마술사가 관객이 고개를 돌린 사이에 콜라 캔 두 개를 모두 흔들었기 때문에 당연히 두 콜라 캔 안에 있는 콜라는 모두 넘쳐야 합니다. 그런데 이때 마술사가 흔들어 놓은 콜라 캔의 위쪽을 지팡이로 두드립니다. 그러면 옆면과 밑바닥에 달라붙어 있던 이산화탄소가 먼저 떨어져 나와 위로 올라갑니다. 위로 올라간 이산화탄소는 음료수 표면에서 이미 흔들어 만든 커다란 거품과 만나 누그러집니다. 게다가 관객이 캔을 고르느라 망설이는 동안 캔 속의 이산화탄소가 안정되기도 하지요. 마술사가 관객이 고른 캔을 건네주며 손가락으로 캔 표면을 세게 누르면 캔 속의 이산화탄소가 조금 더 콜라 속으로 들어갑니다. 이 상태에서는 관객이 캔을 따도 콜라가 흘러넘치지 않습니다.

그런데, 관객이 고르지 않은 나머지 캔은 왜 흘러넘쳤을까요? 마술사가 오른손에 사탕 조각들을 숨기고 있다가 캔을 딸 때 안에 밀어 넣었기 때문입니다. 사탕이 녹으면 액체가 이산화탄소를 품는 힘이 약해집니다. 또한 이산화탄소가 사탕 속 작은 구멍과 만나면 기체가 더욱 빨리 발생합니다.

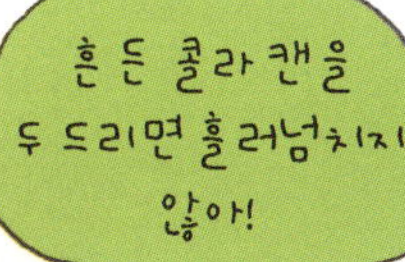

콜라 순간 이동

① 마술사의 공연

마술사는 콜라 캔 두 개를 준비합니다. 하나는 그냥 보통 콜라 캔이고 다른 하나는 다 먹고 찌그러진 콜라 캔입니다.

"자, 두 개의 콜라 캔이 있습니다. 두 개의 콜라 캔 중 여러분은 어느 캔을 선택하시겠습니까?"

관객들은 대부분 따지 않은 콜라 캔을 선택합니다.

"좋습니다. 그럼 저는 다 먹은 찌그러진 캔을 고르겠습니다. 하지만 제가 마술을 부리면 놀라운 일이 벌어집니다. 수리수리마수리 얍!"

마술사는 두 개의 콜라 캔을 이리저리 흔듭니다. 그러자 뚜껑을 따지 않은 캔이 점점 찌그러지고 찌그러진 캔이 점점 원래 모습으로 되돌아옵니다. 마술사가 흔들기를 멈춘 후 말합니다.

"여러분이 선택한 콜라 캔 속 콜라가 제가 선택한 콜라 캔 속으로 순간 이동했습니다."

마술사가 선택한 콜라 캔의 뚜껑을 따자 캔 속에 콜라가 들어 있지만, 관객이 고른 캔에는 아무것도 들어 있지 않습니다.

② 마술에 숨어 있는 과학

'콜라 순간 이동'은 콜라 속의 이산화탄소를 이용한 마술입니다. 우선 두 개의 콜라 캔 중 한 개에 압정으로 구멍을 뚫어 콜라가 뿜어져 나오게 합니다. 콜라가 들어 있지 않지만 겉보기에는 새것 같은 콜라 캔이 완성되었습니다.

두 번째 콜라 캔도 역시 압정을 이용해 구멍을 뚫습니다. 이번에는 콜라를 모두 빼내지 않고 3분의 2정도를 남깁니다. 이렇게 한 후 구멍을 투명 테이프로 막고 남은 공간만큼 캔을 찌그러트립니다. 공연이 시작되면 마술사는 관객에게 두 개의 콜라 캔을 보여 주고 두 캔을 흔들면서 비어 있는 캔을 서서히 찌그러트립니다. 마술사가 두 캔을 흔드는 동안 콜라가 남은 캔 속에서는 이산화탄소가 나와서 그 힘에 따라 얇은 알루미늄 캔의 찌그러진 부분이 서서히 펴지게 됩니다. 어느 정도 캔이 원래 모습으로 돌아오고 난 후 마술사가 뚜껑을 따서 캔 속의 3분의 2쯤 남은 콜라를 따르면 마술 공연이 완성됩니다.

문제 1 공기는 매우 무거운데 우리가 기압을 잘 느끼지 못하는 이유
는 무엇인가요?

문제 2 드라이아이스는 어떻게 만드나요?

3. 콜라 캔을 흔들면 콜라 속에 녹아 있던 이산화탄소가 나오면서 압력이 높아집니다. 그때 캔 뚜껑을 따면 압력이 낮은 바깥으로 콜라가 쏟아져 나오지요.

![문제3 아이콘]
문제 3 콜라 캔을 마구 흔들다 뚜껑을 따면 콜라가 넘치는 이유는 무엇인가요?

정답

1. 일반적으로 우리를 누르는 기압의 힘은 1기압 정도이며, 무게로 따지면 약 10t에 가깝습니다. 하지만 공기는 자유롭게 흩어지는 성질이 있어서 우리는 무게를 쉽게 느끼지 못합니다.

2. 드라이아이스는 이산화탄소를 높은 압력으로 압축 냉각해서 만듭니다. 이렇게 만들어진 드라이아이스는 액체 단계를 거치지 않고 공기 중에서 승화하여 기체가 됩니다.

관련 교과
....
초등 5학년 2학기 8. 에너지
중학교 1학년 7. 힘과 운동

4. 운동의 법칙을 이용한 마술

달리던 버스가 갑자기 멈추었을 때 몸이 앞으로 쏠리는 경험을 한 적이 있나요? 이처럼 운동하던 물체가 계속 운동하려고 하고, 정지해 있는 물체가 계속 정지하려는 성질을 관성이라고 합니다. 관성의 법칙 같은 물체의 운동 법칙은 여러 가지가 있습니다. 이번 장에서는 줄에 매달린 추가 좌우로 움직이는 진자 운동과 관성의 법칙을 이용한 마술에 대해 알아보겠습니다.

진자 운동

　과학자 갈릴레이는 어느 날 성당에 갔다가 성당 천장에 매달린 등불이 왔다 갔다 흔들리는 모습을 보았습니다. 갈릴레이는 등불이 움직이는 시간을 자기 맥박이 뛰는 수와 비교해 보고 등불이 오가며 흔들리는 시간이 일정하다는 사실을 알아차리게 됩니다. 이렇게 갈릴레이가 본 등불처럼 어느 한 군데에 고정된 실에 매달려 주기적으로 진동하는 물체를 진자라고 합니다.

그네 타기에도 진자 운동의 원리가 숨어 있다.

여기에 흥미를 느끼게 된 갈릴레이는 집으로 돌아가 여러 가지 실험을 했습니다. 그리고 진자가 오가는 시간은 흔들리는 폭의 크기와 상관없고 진자의 무게와도 상관이 없으며 오직 실의 길이와만 관련 있다는 사실을 알아냅니다. 이를 진자의 등시성이라고 하는데, 이 성질은 실제로는 진폭이 작은 진자에만 성립합니다.

갈릴레오 갈릴레이

Galileo Galilei, 1564~1642

이탈리아의 물리학자, 천문학자, 철학자입니다. 진자의 등시성을 발견했고, 관성의 법칙, 낙하 물체의 가속도가 일정하다는 사실, 탄소가 포물선을 그린다는 사실 등을 밝혔습니다.

메트로놈은 진자의 길이에 따라 진자의 운동 주기가 달라진다는 점을 이용해 박자를 재는 기구다.
ⓒ Paco Vila@the Wikimedia Commons

진폭

진동하고 있는 물체가 정지해 있는 곳이나 진동하는 중심에서부터 최대로 움직인 거리입니다. 진동하는 폭의 절반을 뜻합니다. 폭풍이 일어난 바다에서는 물결의 진폭이 아주 크지만 호수에 조약돌을 던져 생기는 물결의 진폭은 작습니다. 이렇듯 진폭으로 진동 운동의 크기를 알 수 있습니다.

진자의 운동은 진자가 달려 있는 실의 길이에 따라 영향을 받습니다. 만약 진자 운동 중에 마찰력이 작용하지 않는다면 진자는 실의 길이에 따른 일정한 주기로 움직입니다.

또한 진자의 운동은 진자가 가운데로 갈수록 점점 빨라지고 양끝으로 갈수록 점점 느려집니다. 일상생활 속에서 진자 운동을 이용하는 예로는 시계추와 메트로놈 등이 있습니다.

그럼, 이런 진자를 이용한 마술을 한번 살펴볼까요?

초능력 반지

① 마술사의 공연

마술사는 길고 둥근 막대에 다섯 가지 색깔의 반지를 각기 다른 길이로 매달아 관객에게 보여 줍니다.

"여기 보이는 막대에 다섯 가지 색깔의 반지가 실로 묶여 있습니다. 묶여 있는 실의 길이는 모두 다릅니다. 나무 막대에 허술하게 실로 묶여 있어서 보잘것없어 보이지만, 사실 이 장치로는 사람의 초능력을 측정할 수 있습니다. 이제부터 여러분 중에 한 분을 모셔서 초능력이 얼마나 있는지 확인해 보겠습니다."

마술사는 초능력을 측정해 보고 싶어 하는 관객 한 명을 무대로 부릅니다.

"자, 마음을 편안히 하시고, 여기 의자에 앉아서 다섯 가지 반지 중 하나를 선택하십시오."

관객이 자리에 앉으면 마술사는 관객 눈앞에 막대를 보여 줍니다.

"신중하게 선택하셨으면 선택한 반지를 집중해서 쳐다보세요. 만약 관객분이 초능력이 있다면 선택한 반지가 움직일 것입니다."

마술사가 이렇게 말하고 관객이 자신이 선택한 반지에 시선을 집

② 마술에 숨어 있는 과학

'초능력 반지'는 진자 운동을 이용한 마술입니다. 똑같은 무게의 반지를 매달았다고 가정하면, 앞뒤로 움직이는 진자의 운동은 줄의 길이에 따라 달라집니다. 줄의 길이가 길수록 반지가 앞뒤로 흔들리는 주기가 길어지고 줄의 길이가 짧을수록 주기가 짧아집니다.

마술사가 보여 준 막대에 매달린 다섯 개의 반지는 줄의 길이가 다르기 때문에 진동하는 주기도 서로 다릅니다. 만약 마술사가 진동시키고 싶은 반지를 선택하고 그 주기에 맞추어 막대를 앞뒤로 흔들어 주면 그 반지의 줄만 앞뒤로 진자 운동을 하게 됩니다.

게다가 마술사는 관객에게 선택한 반지를 집중해서 바라보라고 했습니다. 그러면 관객의 시선은 자신이 고른 반지에 머물게 됩니다. 반지에 매달린 줄의 길이가 서로 다르기 때문에 마술사는 관객이 선택한 반지가 무엇인지 쉽게 눈치챌 수 있습니다. 그리고 그 반지의 주기에 맞게 막대를 조금씩 앞뒤로 흔들어 주면 관객이 선택한 반지만 앞뒤로 움직이게 됩니다.

# 관성

    식탁보 위에 큰 접시를 여러 개 올려 놓은 상태에서 식탁보를 아주 빠르게 잡아당기면 어떻게 될까요? 접시들이 식탁보에 딸려 와 산산조각 날까요? 아닙니다. 신기하게도 식탁보만 빠지고 식탁 위의 접시들은 그대로 남아 있게 됩니다. 그 이유는 바로 관성 때문입니다.

    관성이란 어떤 물체가 자신의 운동 상태를 유지하려는 현상을 말합니다. 정지하고 있는 물체는 그대로 정지해 있으려고 하고, 움직이는 물체는 계속 움직이려고 하는 성질이지요. 정지한 물체를 움직이게 하거나 움직이는 물체를 멈추게 하려면 힘이 필요합니다. 더 큰 힘을 가하면 물체의 운동 방향이 바뀌기도 합니다.

    식탁보 위에 가벼운 숟가락만 몇 개 놓여 있을 때 식탁보를 빠르게 잡아당기면 어떻게 될까요? 이때는 숟가락이 식탁보를 따라 끌려 갑니다. 왜 큰 접시들이 있을 때와는 다른 상황이 벌어질까요? 그 이유는 무거운 큰 접시가 가벼운 숟가락보다 관성이 크기 때문입니다.

    관성은 생활 속에서 쉽게 발견할 수 있습니다. 차를 타고 가다가 갑자기 정지하면 몸이 앞으로 쏠리는 현상, 먼지 붙은 이불을 때리면 이불은 뒤로 가고 먼지는 원래 자리에 남아 떨어지는 현상, 결승점까지 다다른 달리기 선수가 바로 정지할 수 없어서 몇 미터 더 나아가는 현상, 망치 자루로 바

식탁보가
마음에 안 들어.
잠시만.

오!
이게 다
관성 덕분이지!

닥을 치면 헐거워진 망치 머리가 고정되는 현상 등도 생활 속 관성의 예입니다.

그럼, 이런 관성을 이용한 마술을 한번 살펴볼까요?

농구공 마술

① 마술사의 공연

마술사가 실에 묶여 있는 농구공을 관객에게 보여 줍니다. 농구공은 옷걸이에 매달아 놓은 실에 묶여 허공에 있습니다.

"여기 농구공 하나가 실 중앙에 묶여 있습니다. 가는 실이라서 잡아당기면 쉽게 끊어질 것입니다. 만약 지금 실을 잡아당기면 농구공 위쪽의 실이 끊어질까요, 아니면 농구공 아래쪽 실이 끊어질까요? 알 수 없다고요? 하지만 저는 여러분이 원하는 대로 줄을 끊을 수 있습니다. 여러분 중에 아무나 한 분 무대에 나오시기 바랍니다."

관객 중에 한 사람이 나오면 마술사가 말합니다.

"자, 지금 아래쪽 실을 잡아당기면 농구공 위와 아래에 있는 실 중 어느 쪽 실이 끊어질 것 같나요? 잘 모르겠다고요? 그럼 관객분은 어느 실이 끊어지길 원하나요?"

관객이 위의 실이 끊어지기를 원한다고 이야기하면 마술사는 아래쪽 실을 천천히 당기라고 말합니다. 관객이 실을 잡아당기자, 신기하게도 관객이 원하는 대로 농구공 위쪽의 실이 끊어집니다.

② 마술에 숨어 있는 과학

'농구공 마술'은 관성의 법칙을 이용한 마술입니다. 관성의 법칙이란 물체에 외부의 힘이 가해졌을 때, 물체가 자기의 상태를 그대로 유지하려고 하는 성질입니다. 만약 정지하고 있던 버스가 갑자기 움직이면 사람들의 몸은 뒤로 쏠립니다. 반대로 버스가 갑자기 멈추면 사람들의 몸은 앞으로 쏠립니다. 이는 정지해 있는 물체는 계속 정지해 있으려고 하고 움직이던 물체는 계속 움직이려고 하는 관성의 법칙 때문입니다.

실에 매달린 농구공도 마찬가집니다. 농구공은 실에 고정되어 정지된 상태입니다. 그런데 이때 아래 실을 천천히 당기면 농구공의 무게와 아래에서 누르는 힘을 지탱하지 못하고 농구공 위쪽의 실이 끊어집니다. 하지만 만약 아래쪽 실을 순간적으로 빠르게 잡아당기면 멈추어 있는 농구공의 관성 때문에 아래의 실만 끊어지게 됩니다.

그러므로 마술사는 관객이 위쪽 실이 끊어지길 원한다고 말하면, 관객에게 실을 천천히 잡아당기라고 말하고, 아래쪽 실이 끊어지길 원한다고 말하면 실을 재빨리 잡아당기라고 말하면 됩니다.

최고의 마술사

　여러분은 살아 있는 최고의 마술사가 누구라고 생각하나요? 마술사들은 대부분 자부심을 가지고 최고의 마술을 선보이기 위해 끊임없이 노력하기 때문에 최고의 마술사를 가리기는 어렵습니다. 하지만 살아 있는 세계 최고의 마술사를 꼽으라면 많은 사람이 데이비드 코퍼필드를 떠올릴 거예요.

　본명이 데이비드 콧킨인 코퍼필드는 고향인 뉴저지 주에서 마술을 시작해 12세의 나이에 전문적인 마술 공연을 했으며, 16세에는 뉴욕 대학교에서 마술을 가르치기도 했습니다. 전미마술가협회에서 최연소로 입회 허가를 받기도 했지요. 코퍼필드는 대학 시절 뮤지컬에서 마술사 역을 맡아 큰 인기를 모은 것이 계기가 되어 방송에서 마술 쇼를 하며 사람들에게 알려졌습니다.

　데이비드 코퍼필드가 우리나라에서도 유명해지고 세계적으로 알려지게 된 계기는 만리장성을 걸어서 통과한 마술 덕택이었습니다. 이외에도 자유의 여신상을 눈앞에서 사라지게 하고, 나이아가라 폭포를 관통하는 등 주로 규모가 큰 마술을 하여 기네스북에 열한 번이나 올랐고, 에미상을 스물한 번이나 받았습니다.

　지금은 다른 마술사들도 커다란 물체를 사라지게 하는 고난이도의 마술을 하지만 데이비드 코퍼필드가 무엇보다 위대한 이유는 누구도 생각지 못했던 마술을 최초로 생각하고, 해냈기 때문이 아닐까요?

데이비드 코퍼필드. ⓒ Homer Liwag @the Wikimedia Commons

문제 1 진자의 등시성이란 무엇을 말하나요?

문제 2 생활 속에서 찾아볼 수 있는 관성의 예를 써 보세요.

3. 무거운 큰 접시가 가벼운 작은 숟가락보다 관성이 크기 때문입니다. 식탁보가 마찰로 당기는 힘보다 관성이 작은 숟가락은 끌려 가지만 관성이 큰 접시는 끌려 가지 않습니다.

식탁 위에 큰 접시를 올려놓은 상태에서 식탁보를 빠르게 잡아
당기면 접시가 끌려 오지 않지만, 숟가락을 올려놓은 상태에서
잡아당기면 숟가락이 끌려 옵니다. 그 이유는 무엇인가요?

정답

1. 진자의 흔들리는 폭이 크지 않을 경우 진자의 주기가 진폭이나 진자의 무게와 상관없이 진자의 길이에 따라 달라지는 성질입니다.

2. 차가 갑자기 정지하면 몸이 앞으로 쏠리는 현상, 먼지가 묻은 이불을 털 때 이불을 때리면 이불만 뒤로 가고 먼지는 그 자리에 남아 떨어지는 현상, 결승점까지 다다른 달리기 선수가 바로 정지할 수 없어서 몇 미터 더 나아가는 현상, 망치 자루로 바닥을 치면 헐거워진 망치 머리가 고정되는 현상 등이 생활 속에서 발견되는 관성의 예입니다.

5. 자력과 정전기를 이용한 마술

여러분은 자석을 이용해 놀아 본 적이 있나요? 자석의 다른 극은 서로 붙고 같은 극은 서로 밀어내는 모습은 매우 신기합니다. 또 친구의 머리카락에 풍선을 문질렀다 떼면 머리카락이 풍선에 달라붙는 놀이도 해 보았나요? 이번 장에서는 자기력과 정전기를 이용한 마술을 함께 알아봅시다.

자기력

  자석이나 전류끼리, 또는 자석과 전류가 서로 끌어당기거나 밀어냄으로써 서로에게 미치는 힘이 자기력입니다. 자력이라고도 하지요. 자철석은 자연 상태에서 볼 수 있는 자석입니다. 이렇게 광물 중에 스스로 자기력을 띠는 물체 말고도 사람들이 만든 자석도 있습니다.

  우리가 흔히 문구점에서 보는 자석은 탄산바륨과 이산화철의 산화물인 바륨페라이트로 만든 자석입니다. 최근에는 네오디뮴이라는 물질로 강력한 자석도 만들어지고 있습니다. 이런 자석은 처음부터 자석의 성질을 띠고 있기 때문에 영구자석이라고 합니다.

  못에 코일을 감아 전류를 흐르게 해서 만드는 전자석은 전기가 통할 때만 자기력이 생기는 자석입니다. 이런 자석을 일시자석이라고 부릅니다.

  이러한 여러 종류의 자석은 일정한 특징이 있습니다.

  자석을 유리판 위에 놓고 쇳가루를 뿌리거나 자석 주변에 나침반을 늘어놓으면 일정한 방향을 가리킵니다. 쇳가루와 나침반이

막대자석. ⓒ Aney@the Wikimedia Commons

자석에 달라붙은 쇳가루. ⓒ JanDerChemiker@the Wikimedia Commons

반응하는 공간이 바로 자기력이 작용하는 공간인 자기장입니다. 특히 자석의 양쪽 끝에 자기력이 집중되는데 이곳을 자기극이라고 합니다. 자기극은 N극과 S극으로 나누어집니다. 모든 자석이 N극과 S극으로 나누어져요. 자석을 반으로 잘라도 자른 자석은 모두 각각의 N극과 S극을 가지게 됩니다.

종류가 다른 극(N극과 S극) 사이에는 서로 끌어당기는 힘이 작용하고 같은 종류의 극(N극과 N극, S극과 S극) 사이에는 서로 밀어내는 힘이 작용합니다. 이 힘을 이용하여 만들어진 발명품이 바로 나침반입니다.

지구도 거대한 자석이라고 볼 수 있는데, 나침반의 N극이 항상 지구의 북극을 가리키는 이유는 지구의 북극이 자석의 S극 성질을 띠기 때문입니다. 반대로 지구의 남극은 자석의 N극 성질을 띱니다. 나침반은 자석이 서로 다른 극끼리 끌어당기는 성질을 이용하여 방향을 알 수 있

나침반은 서로 다른 극끼리 끌어당기는 자석의 성질을 이용한 발명품이다.

게 한 발명품입니다.

그럼, 이런 자기력을 이용한 마술을 한번 살펴볼까요?

공중 부양 마술

① 마술사의 공연

마술사는 관객들에게 커다란 천을 보여 줍니다.

"이 천은 아무런 장치가 없는 천입니다. 하지만 제가 주문을 외우면

이 천은 신기한 힘을 발휘합니다. 자, 한번 보시죠.”

마술사는 의자 앞에 서서 천을 펴 다리를 가립니다.

“수리수리마수리! 떠올라라!”

마술사의 주문이 끝나자마자 마술사의 몸이 둥실 떠오르더니 어느새 의자 위로 올라갑니다. 의자 위로 떠오른 마술사가 천을 치우지만 다른 어떠한 장치도 보이지 않습니다.

마술사는 정말 공중에 떠올랐을까요?

② 마술에 숨어 있는 과학

'공중 부양 마술'은 강력한 자력을 이용하는 마술입니다. 이 마술을 하기 위해서는 강력한 자석인 네오디뮴 자석 두 개가 필요합니다. 이 자석은 쉽게 구할 수 있고 값도 그리 비싸지 않습니다.

먼저, 두 짝의 신발 안쪽에 자석 두 개를 하나씩 떨어지지 않게 붙입니다. 자석을 서로 다른 극으로 붙여 신발 두 개가 서로 붙을 수 있게 붙여야 합니다. 이렇게 해 놓으면 한쪽 신발만 신어도 신발 두 짝을 동시에 들어 올릴 수 있습니다.

마술사는 먼저 커다란 천으로 다리를 가려 신발 앞만 보이게 합니다. 이때 마술사는 한쪽 신발을 벗습니다. 하지만 관객들은 천으로 가려져 있어서 알아차리지 못합니다. 마술사가 마치 공중에 뜨는 것처럼 연기를 하며 신발을 벗은 발을 뒤로 움직여 천천히 의자로 올라가면 관객 눈에는 자석으로 붙어 있는 신발만 보이기 때문에 마술사가 의자 위로 떠오른 것처럼 보입니다. 의자에 올라온 뒤에 신발을 다시 신고 천을 치우면 관객들은 아무것도 눈치채지 못하게 됩니다.

카드를 찾아내는 밧줄

① 마술사의 공연

마술사는 카드 한 벌을 보여 주고 관객 중 한 명을 나오게 합니다.

"제가 카드를 섞을 테니 관객분이 '그만!' 하고 외쳐 주세요."

관객이 "그만!" 하고 외치자 마술사는 섞기를 멈추고 카드 뒷면을 보여 줍니다.

"이 카드를 잘 기억해 주세요. 기억하셨으면 이제 카드를 섞겠습니다. 관객분도 직접 섞어 보시겠어요?"

관객에게 카드를 섞게 한 후 마술사는 종이봉투를 하나 보여 줍니다.

"자, 그럼 골고루 섞은 카드를 봉투에 집어넣겠습니다. 이 봉투에서 관객이 고른 카드를 고르겠습니다. 아주 특별한 방식을 사용하려고 합니다."

마술사가 이렇게 말한 후 긴 밧줄을 꺼냅니다.

"이 밧줄이 관객분이 선택했던 카드를 고른다면 신기하겠지요? 우선 밧줄에 마술 주문을 걸겠습니다. 수리수리마수리 얍!"
마술사는 주문을 외친 후 종이봉투에 밧줄을 집어넣습니다. 잠시 후 밧줄을 들어 올리면 신기하게도 관객이 고른 카드가 밧줄에 묶여 나옵니다.

② 마술에 숨어 있는 과학

'카드를 찾아내는 밧줄'은 자석의 힘을 이용한 마술입니다. 먼저, 카드 한 장을 선택하고 그 카드를 카드 더미 맨 아래에 둡니다. 그리고 그 카드와 똑같은 카드 한 장을 더 구해 밧줄로 묶습니다. 이 밧줄 한쪽 끝의 속을 파내서 원통형 자석을 접착제로 붙여 넣습니다. 또 다른 밧줄 끝에도 자석의 극을 다르게 해서 원통형 자석을 붙입니다.

마술사는 미리 밧줄에 묶인 카드를 종이봉투에 넣어 둡니다. 그리고 관객에게 카드를 보여 주고 섞는 척하며 맨 아래에 있는 카드는 섞지 않고 윗부분의 카드들만 섞이게 합니다. 이렇게 거짓으로 섞다가 관객이 "그만!"이라고 외치면 맨 아래 카드를 보여 줍니다.

이렇게 되면 관객은 그 카드를 자신이 선택했다고 생각하게 됩니다. 관객이 카드를 뒤섞은 후 마술사는 종이봉투에 카드들을 모두 넣고 밧줄을 집어 넣습니다. 그러면 이미 들어가 있던 카드를 묶은 밧줄의 자석과 마술사가 집어넣은 밧줄의 자석이 서로 붙게 됩니다. 이때 봉투에서 밧줄을 꺼내면 관객이 고른 카드를 마치 밧줄이 저절로 묶은 것 같은 효과를 낼 수 있습니다.

병뚜껑과 마술

음료수병, 병뚜껑 두 개, 자석,
피부색 밴드, 고무줄.

① 마술사의 공연

마술사가 오른손에 병뚜껑 하나를 들고 왼손에는 음료수병 하나를 가지고 나옵니다.

"여기 병뚜껑 하나와 음료수병이 있습니다. 여러분이 보시다시피 병뚜껑이 크기 때문에 병 속으로 들어갈 수는 없습니다."

마술사가 병뚜껑을 병 입구에 톡톡 부딪히며 들어갈 수 없다고 보여 줍니다.

"하지만 마술의 힘으로 이 병뚜껑은 병 속으로 들어가게 됩니다. 자, 잘 보세요. 수리수리마 수리 얍!"

마술사는 병 밑부분에 병뚜껑을 가져가서 주문과 함께 병뚜껑을 병 속으로 집어넣습니다. 그러자 정말 신기하게도 병뚜껑이 병으로 들어갑니다. 마술사는 병을 직접 관객에게 보여 줍니다. 관객이 아무리 살펴보아도 이상한 점을 전혀 찾을 수 없습니다.

② 마술에 숨어 있는 과학

'병뚜껑과 마술'은 자석의 힘과 고무줄의 탄성을 이용한 마술입니다. 우선 이 마술을 하기 위해서는 병뚜껑 두 개가 필요합니다. 하나의 병뚜껑은 펜치를 이용해 살짝 구부려 병 속에 넣습니다. 길고 딱딱한 막대기를 병 속에 집어넣어, 병 속에 있는 병뚜껑을 다시 원래 모양으로 펴 줍니다. 또 다른 병뚜껑은 구멍을 뚫어 고무줄과 연결합니다. 고무줄의 다른 한쪽 끝에는 옷핀을 달아 옷소매 안쪽에 달아 놓습니다. 이렇게 해 놓은 상태에서 병뚜껑을 묶고 있는 고무줄을 당겨 왼손에 쥐고 있습니다. 왼손을 놓으면 병뚜껑은 수축되는 고무줄을 따라 자연스럽게 옷소매 속으로 들어가 사라지게 됩니다.

오른손 중지에 피부색과 비슷한 색깔의 밴드를 이용해 자석을 붙입니다. 그다음 음료수병을 잡으면 철로 된 병뚜껑이 병 옆면으로 올라가 병을 사이에 두고 손에 붙게 됩니다. 손에 가려져 관객 눈에는 병뚜껑이 보이지 않지요.

마술사는 관객에게 병과 병뚜껑을 보여 준 후 병뚜껑을 병 밑바닥에 넣는 시늉을 하면서 병뚜껑을 잡은 왼손 손가락을 놓습니다. 그리고 동시에 오른손의 손가락을 떼며 병을 세 개 흔듭니다. 그러면 왼손의 병뚜껑은 옷소매로 사라지고, 자석에 붙어 병 옆면에 있던 병뚜껑은 병 아래로 떨어지게 됩니다. 관객의 눈에는 마치 병뚜껑이 병을 통과한 것처럼 보이지요.

 정전기

겨울철에 입고 있던 털옷을 벗으면 "찌지직!" 하는 소리와 함께 따끔거리기도 하고 심할 때는 머리카락이 쭉 뻗기도 합니다. 이런 일이 벌어지는 이유는 정전기 때문입니다.

정전기는 전기이기는 하지만 보통 전기처럼 흐르는 전기가 아니라 고여 있는 전기입니다. '그래서 고요한 전기'라는 뜻을 지닌 정전기라는 이름이

붙여졌습니다.

　한 번 발생하는 정전기의 전압은 번개의 전압과 맞먹습니다. 하지만 정전기 때문에 죽는 사람은 없습니다. 정전기는 전압이 높지만 그 양이 매우 작기 때문입니다.

　그런데 정전기는 왜 발생할까요? 정전기는 마찰을 통해 발생합니다. 물체를 이루는 기본 단위인 원자 주위에는 전자가 돌고 있는데 원자핵에서 멀리 떨어져 있는 전자일수록 마찰을 통해 다른 물체로 쉽게 이동할 수 있습니다. 이때 전자를 잃은 쪽은 (+) 전하, 얻은 쪽은 (−) 전하가 되는데 마찰이 증가하면 전자를 주고받은 물체에 조금씩 전기가 저장됩니다. 이렇게 저장된 전기는 전기를 쉽게 흘러 보낼 수 있는 금속 같은 물질을 만나면 순식간에 불꽃을 튀며 이동하는데 이때 바로 정전기가 일어납니다.

　정전기가 일어나면 머리가 산발이 되고, 몸이 따끔거리니까 정전기가 우

마찰 후에 머리카락이 쭉 뻗는 이유는 정전기 때문이다. ⓒ File Upload Bot@the Wikimedia Commons

복사기는 정전기를 활용한 기구다.

리 생활에 불편함만 준다고 생각할 수 있습니다. 하지만 정전기를 잘 활용
하면 우리 생활에 도움이 되기도 합니다. 가정에서 음식을 보관할 때 사용
하는 랩도 정전기를 활용한 예입니다. 투명한 랩이 그릇에 잘 붙는 이유는
랩을 잡아당길 때 마찰에 의해서 정전기가 생기기 때문입니다. 복사기도
정전기를 활용한 기구입니다. 복사기의 토너 입자는 전류에 의해 (−) 전하
를 띠는데, 정전기가 일어나면 상이 비친 곳에만 달라붙습니다. 상이 비친
대로 토너가 묻어 인쇄되므로 원본과 똑같은 그림이나 글씨가 나오지요.

그럼, 이런 정전기를 이용한 마술을 한번 살펴볼까요?

① 마술사의 공연

마술사는 풍선 하나를 들고 나옵니다. 풍선에는 웃고 있는 사람 얼굴이 그려져 있습니다.

"지금 보이는 풍선은 똘똘이라는 친구입니다. 이 친구는 관객이 무엇을 원하는지 잘 알고 있습니다. 이 친구가 얼마나 똑똑한지 한번 보시겠어요?"

마술사는 이렇게 말하고 책상 위에 한데 섞여 있는 후추와 소금을 꺼내 놓습니다.

"자, 이 상자에는 후추와 소금이 섞여 있습니다. 여러분 중에 한 분에게 질문하겠습니다. 후추와 소금 중 무엇을 더 좋아하시나요?"

관객이 소금이라고 대답하자 마술사는 이렇게 말합니다.

"좋습니다. 그럼 우리 친구 똘똘이가 관객분이 원하는 소금만 따로 얻을 수 있도록 도와 드릴 것입니다. 저는 주문을 외우고 마법의 천을 문지르기만 하면 됩니다. 수리수리마수리 얍!"

마술사는 주문을 외우며 마른 헝겊으로 풍선을 문지릅니다. 그리고 난 뒤 풍선을 후추와 소금이 섞여 있는 곳에 가까이 대면 풍선에 후추가 달라붙고 소금만 남게 됩니다.

"어때요? 소금만 남게 되었지요? 우리 똘똘이에게 박수쳐 주시기 바랍니다!"

② 마술에 숨어 있는 과학

'소금과 후추'는 정전기를 이용한 마술입니다. 소금과 후추는 크기가 비슷하지만 후추가 소금보다 훨씬 가볍습니다. 그래서 소금과 후추가 섞여 있는 통을 돌리면 가벼운 후추가 위로 올라오는 모습을 볼 수 있습니다. 풍선을 마른 헝겊으로 문지르면 정전기가 발생하는데 무거운 소금보다 가벼운 후추가 대전된 풍선에 더 쉽게 반응하기 때문에 풍선에 후추만 달라붙게 됩니다.

마술 공연을 할 때 마술사가 관객에게 후추와 소금 중 좋아하는 쪽을 묻습니다. 만약 소금이라고 말하면 마술사는 풍선이 소금만 남기고 후추를 가져갔다고 말합니다. 반대로 관객이 후추를 선택했다면 마술사는 관객이 좋아하는 후추를 풍선이 가져갔다고 말합니다. 결국 마술사는 관객이 어떤 것을 선택하든 상관없이 마술 공연을 성공적으로 할 수 있습니다.

대전

물질은 보통 전기적으로 중성 상태인데 외부의 힘이 가해져 (−) 전기, (+) 전기를 띠게 됩니다. 이렇게 전기를 띠게 되는 현상을 대전이라 하고 대전된 물체를 대전체라 합니다.

영구자석 보관법

　자석은 영구자석과 일시자석으로 나뉘는데 우리가 흔히 자석이라고 부르는 것은 영구자석입니다. 언제 어디서든 쇠붙이나 철로 된 물체를 갖다 대면 척척 달라붙는 자석이지요. 하지만 이런 영구자석도 보관을 잘못하면 자기력을 잃고 맙니다. 영구자석은 어떻게 보관해야 자기력을 잃지 않을까요?

　먼저 자석을 오랫동안 보관할 때는 자석의 다른 극끼리 붙여 놓은 상태에서 보관해야 합니다. 자석의 같은 극끼리 억지로 붙여 놓으면 자성이 오래가지 못합니다. 또한 자석을 보호하는 쇠붙이를 자석의 양쪽 극에 붙여 놓습니다. 그리고 자석은 열이 있는 곳에 보관하면 자성을 잃으므로 난로 위나 뜨거운 곳에 보관하면 안 됩니다. 마지막으로 자석은 부딪히거나 떨어져 충격을 받아도 자성을 잃으므로 충격을 받지 않도록 해야 합니다.

　아무리 영구자석이라도 시간이 지나면 자기력은 약해질 수밖에 없습니다. 하지만 잘만 보관한다면 친구들과 오랫동안 재미있는 자석 놀이를 할 수 있겠지요?

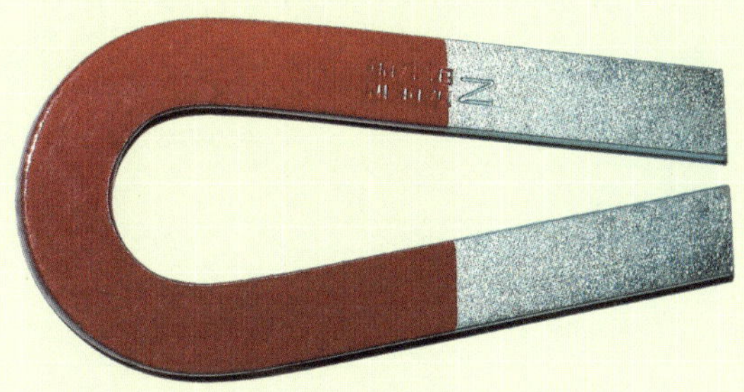

영구자석이라도 시간이 지나면 자기력이 약해진다. ⓒ Zureks@the Wikimedia Commons

문제 1 영구자석과 일시자석은 어떤 차이가 있나요?

문제 2 정전기가 일어나는 풍선에 크기가 비슷한 소금과 후추 중 후추만 달라붙는 이유는 무엇인가요?

3. 복사기의 토너 입자는 전류에 의해 (−) 전하를 띠는데 이때 정전기가 일어나면 상이 비친 곳에만 달라붙게 됩니다. 상이 비친 대로 토너가 묻어 인쇄되므로 원본과 똑같은 그림이나 글씨가 나옵니다.

 복사기는 어떤 원리로 작동하나요?

정답

1. 영구자석은 만들어진 후 계속 자기력을 발생하는 자석이고 일시자석은 전자석처럼 전류가 흐를 때만 일시적으로 자기력이 생기는 자석입니다.

2. 마른 헝겊으로 문지른 풍선에는 정전기가 발생하는데 무거운 소금보다 가벼운 후추가 대전된 풍선에 더 쉽게 반응하기 때문에 풍선에 후추만 달라붙게 됩니다.

중학교 2학년 4. 소화와 순환

6. 인체의 특징을 이용한 마술

'인체의 신비'라는 전시회에 가 본 적이 있나요? 이 전시회는 해부한 인간의 몸을 보여 주는 전시회입니다. 관람하다 보면 우리가 당연하게 여기는 몸속 기관들이 얼마나 복잡하고 질서 정연하게 움직이는지 절로 감탄이 나옵니다. 이번 장에서는 사람의 몸을 소재로 한 마술을 살펴보겠습니다.

근육과 뼈

　우리가 식당에서 음식을 먹을 때를 떠올려 봅시다. 맛있는 음식을 먹기 위해 식당 의자에 앉아 수저를 들고 음식을 집어 입속으로 가져갑니다. 그리고 꼭꼭 씹어 삼킵니다. 이때 식당 의자에 앉기 위해 다리를 움직이고 수저를 들기 위해 손가락을 움직입니다. 그리고 음식물을 입에 넣고 이를 위

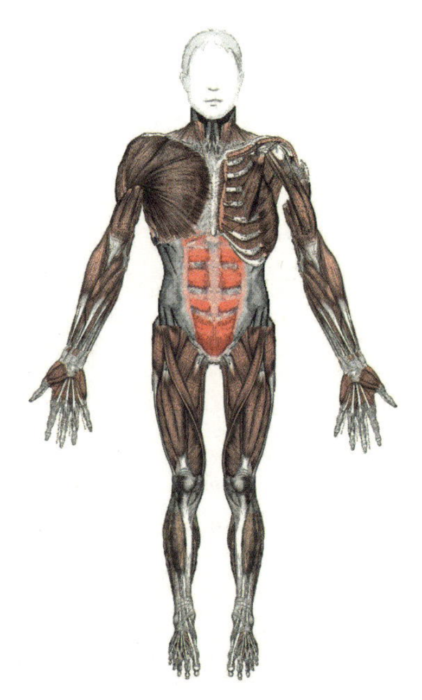

몸의 앞면 근육.

근육으로 이루어지는 몸의 동작.

아래로 움직이며 잘게 부수는 동작도 하지요. 우리가 원하는 대로 몸을 움직일 수 있는 이유는 무엇일까요?

바로 우리 몸에 근육이 있기 때문입니다. 근육은 힘줄과 살을 통틀어 이르는 말로 동물의 운동을 담당하는 기관입니다. 만약 우리 몸에 근육이 없다면 우리는 몸을 움직이고 싶어도 움직일 수 없습니다. 근육은 늘어났다 줄어드는 이완과 수축을 통해 몸을 원하는 대로 움직이게 해 줍니다. 손가락을 움직이는 단순한 동작, 눈을 움직이고 혀를 움직이는 세세한 동작 그리고 100m 달리기처럼 힘이 많이 들어가는 동작까지 모두 근육이 쓰입니다.

근육에는 우리의 의지에 따라 움직이는 근육(수의근)도 있지만 우리의 의지와 상관없이 스스로 움직이는 근육도 있습니다. 그 대표적인 근육이

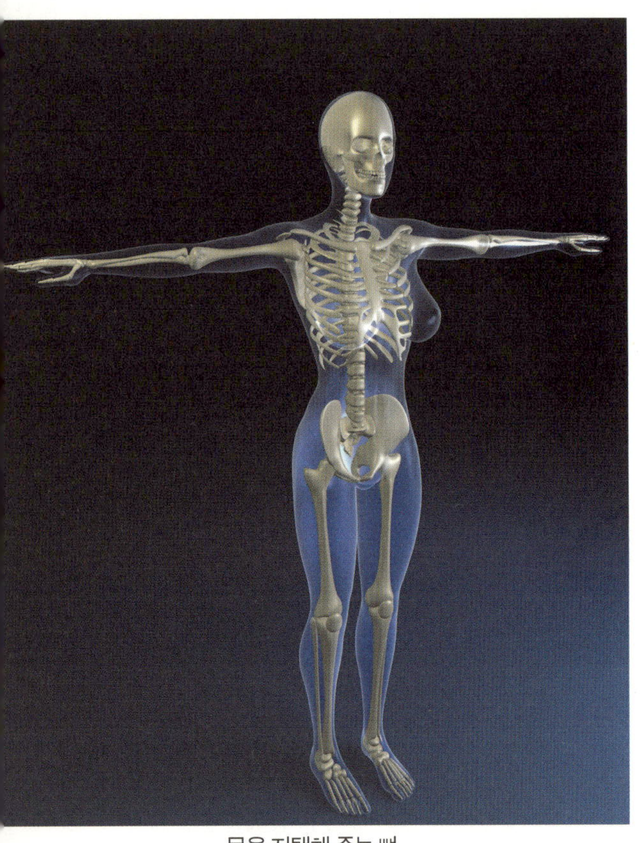

몸을 지탱해 주는 뼈.
© Niabot@the Wikimedia Commons

심장입니다. 심장은 우리의 의지대로 뛰는 것이 아니라 태어났을 때부터 죽을 때까지 계속해서 쉬지 않고 움직이는 근육입니다. 이렇게 자신의 의지와 상관없이 움직이는 근육을 불수의근이라고 합니다.

우리 몸을 자유롭게 움직이는 데 도움이 되는 기관이 근육이라면 우리 몸을 지탱해 주는 물질은 바로 뼈입니다. 만약 우리 몸에 뼈가 없다고 생각해 보세요. 우리 몸은 해파리처럼 흐물흐물 움직일지도 모릅니다.

뼈는 사람의 몸 중 가장 단단한 조직이며 성인의 몸은 일반적으로 206개의 뼈로 구성되어 있습니다. 뼈는 몸의 형태를 유지하는 기능뿐 아니라 우리 몸 내부의 장기를 보호하는 역할도 합니다. 갈비뼈는 심장과 허파를 보호하고 척추는 우리 몸의 신경 기관인 척수를 보호합니다. 또한 근육이 수축할 때 뼈는 지렛대 역할을 해서 손쉽게 몸을 움직이도록 도와줍니다. 뼈는 적혈구를 생산하고 칼슘과 인 같은 무기질을 저장하는 등 우리 몸을 위해 중요한 역할을 하고 있습니다.

그럼, 근육과 뼈를 이용한 마술을 한번 살펴볼까요?

늘어나는 손가락

① 마술사의 공연

마술사는 관객에게 자기 손을 펼쳐 보이며 말합니다.

"사람들은 마술사가 특별한 장치를 이용해서 마술을 한다고 생각합니다. 하지만 마술사는 특별한 장치가 없어도 마술을 할 수 있습니다. 저뿐만 아니라 여러분도 할 수 있습니다. 함께 해 보세요. 먼저 양손의 손과 손목의 경계가 되는 손금을 맞추어 두 손을 모아 보세요. 왼손과 오른손의 손가락 길이가 같지요?"

관객이 고개를 끄덕이면 마술사는 왼손을 하늘 높이 쭉 핍니다.

"자, 그럼 저처럼 팔을 들고 손가락을 활짝 핍니다. 그리고 천천히 다섯을 세겠습니다. 하나, 둘, 셋, 넷, 다섯! 이제 다시 한 번 손가락의 길이가 같은지 양손을 대 보세요!"

마술사의 말에 따라 손가락의 길이를 비교해 보면 신기하게도 왼손의 손가락이 조금 늘어나 있습니다.

② 마술에 숨어 있는 과학

'늘어나는 손가락' 마술은 근육의 이완과 관련된 마술입니다. 사람이 몸을 움직일 때 근육은 수축하고 이완합니다. 우리가 손을 힘껏 뻗으면 우리 근육은 최대한 이완합니다. 그때 관절과 관절 사이도 이완하지요. 몸이 이완되면 5㎜ 정도 늘어나서 눈으로는 큰 차이를 느낄 수 없습니다. 하지만 이완된 손을 다른 손과 비교해 보면 달라진 점을 알 수 있습니다. 그래서 한쪽 손을 최대한 뻗은 후 다른 손과 맞추어 보면 길이가 늘어났다는 사실을 바로 확인할 수 있습니다. 물론 이렇게 이완된 몸은 얼마 되지 않아 금세 원래대로 돌아옵니다.

손가락의 기를 모아

① 마술사의 공연

마술사가 무대에 서서 사람들에게 말합니다.

"오늘은 여러분의 기를 체험하는 시간입니다. 먼저 관객 다섯 분의 도움이 필요합니다."

마술사는 다섯 명의 관객 중 한 사람을 의자에 앉힙니다.

"자, 앉아 있는 관객분을 들어 올리려면 얼마나 큰 힘이 필요할까요? 여러분의 검지만으로 들 수 있을까요? 나머지 네 명의 관객분들은 두 손을 깍지 끼고 검지만 펴서 손을 권총 모양으로 만들어 보세요."

마술사의 말에 따라 나머지 네 명이 모두 두 손을 깍지 끼고 검지를 펴서 손을 권총 모양으로 만듭니다.

"이제 두 분은 손가락을 앉아 있는 분의 옆구리에, 그리고 다른 두 분은 앉아 있는 분의 무릎 안쪽에 넣어 주세요. 준비됐나요? 그럼 들어 보세요."

관객들이 힘을 내 들어 보지만 들리지 않습니다.

"당연히 손가락 힘으로는 들 수 없습니다. 하지만 우리가 기를 한군데로 모으면 가능할지도 모릅니다. 네 분 모두 앉아 있는 분 머리 위에 손을 올리십시오. 그리고 기를 모아 보겠습니다."

마술사의 말에 관객들이 손을 뻗어 앉아 있는 관객의 머리 위에 손을 모읍니다.

"자, 기가 느껴지나요? 충분히 기가 찬 것 같으면 제가 하나 둘 셋을 외치겠습니다. 이때 여러분은 아까처럼 재빨리 앉아 있는 분을 손가락으로 들어 올려 주십시오. 모은 기가 사라질지도 모르니 빠르게 해야 합니다. 준비되었죠? 셋에 동시에 들어 올립니다. 그럼, 시작합니다. 하나! 둘! 셋!"

마술사에 말에 따라 관객들이 손가락을 다시 끼고 힘을 냅니다. 그러자 신기하게도 이번에는 앉아 있는 관객이 번쩍 들렸습니다.

② 마술에 숨어 있는 과학

손가락의 기를 모아 사람을 들어 올리는 마술은 무거운 물체를 들어 올릴 때 여러 명이 함께 들면 무게가 분산되어 힘이 적게 드는 원리를 이용한 마술입니다. 그냥 손가락으로만 사람을 들려고 할 때는 동시에 들어 올리

지 않기 때문에 무게 중심이 이동하고 힘이 고루 분산되지 않아 들어 올리기 어렵습니다. 하지만 머리에 손을 모으고 구령에 맞추어 동시에 들면 힘이 고루 분산됩니다. 또한 팔을 쭉 뻗어 근육이 이완된 상황에서 순간적으로 근육이 수축되면 전보다 큰 힘을 낼 수 있습니다. 그뿐만 아니라 겨드랑이와 다리 안쪽을 손가락이 동시에 파고들면 손가락만의 힘이 아니라 팔 전체의 힘으로 들어 올리게 됩니다. 그러면 들어 올리기가 훨씬 더 쉬워집니다.

착시

아래의 그림을 잘 살펴보세요. 두 개의 점선 중에 어떤 선이 더 길어 보이나요? 대부분의 사람이 두 번째 점선이 더 길다고 생각할 거예요. 하지만 사실 두 점선의 길이는 같습니다. 의심된다면 자로 길이를 재어 보세요. 두 점선의 길이가 같지요? 하지만 우리의 뇌는 두 개의 점선을 비교할 때, 있는 그대로 받아들이지 않고 착각을 합니다.

이렇게 우리가 눈으로 보고 판단하는 것과 실제 내용이 다른 현상을 착시라고 합니다. 착시는 왜 일어날까요? 바로 뇌의 착각 때문입니다. 뇌는

착시를 일으키는 그림.

같은 면적이 다르게 보이는 착시.

움직이지 않는 물체가 움직이게 보이는 착시.

보통 눈이나 귀 같은 감각 기관을 통해서 바깥의 정보를 파악합니다. 그런데 뇌가 감각 기관을 통해 받는 모든 정보를 판단하는 데에는 한계가 있습니다. 그래서 뇌는 과거의 경험을 이용해서 사물을 판단합니다. 이럴 때 뇌는 종종 착각을 하지요.

특히 이러한 착각은 우리의 감정 상태에 따라서 크게 영향을 받기도 합니다. 어두운 밤길을 홀로 걸어간다고 생각해 보세요. 겁을 집어먹은 나머지 길게 가지를 늘어뜨린 나무가 귀신으로 보인다거나 다른 사람의 얼굴이 유령으로 보일 수 있지요. 이러한 현상도 착시입니다.

착시에는 같은 면적의 물체가 다르게 보이는 기하학적 착시, 멀리 있는 물체가 가깝게 보이는 원근의 착시, 움직이지 않는 물체가 움직이게 보이는 착시, 밝기나 빛깔의 대비로 원래 크기보다 작게 보이는 착시 등이 있습니다. 이러한 착시를 생활 속에 이용한 사례가 바로 영화입니다. 영화는 조금씩 다른 정지 영상을 잇달아 보면 마치 그 물체가 움직이듯이 보이는 착시를 이용한 예술입니다.

그럼, 이런 착시 현상을 이용한 마술을 한번 살펴볼까요?

구멍 뚫린 손바닥

① 마술사의 공연

마술사는 관객에게 두루마리 화장지를 다 쓰고 남은 둥근 심을 나누어 줍니다.

"자, 이번 마술은 여러분이 최면에 걸리는 마술입니다. 먼저 오른손으로 화장지 심을 잡고 오른쪽 눈으로 들여다보세요. 이때 왼쪽 눈은 감아야 합니다."

관객들이 왼쪽 눈을 감고 화장지 심을 들여다봅니다.

"좋습니다. 이제 왼쪽 손을 활짝 펴서 화장지 심 옆에 붙여 보세요. 다 되었나요?"

마술사가 사람들을 둘러보며 말합니다.

"자, 이제 제가 주문을 외우면 감았던 왼쪽 눈을 뜨세요. 그러면 당신의 왼손에 이상한 변화가 생길 것입니다. 수리수리마수리 얍!"

관객들은 눈을 뜨자 놀라고 맙니다. 왼손에 구멍이 뚫린 것처럼 보이기 때문입니다.

② 마술에 숨어 있는 과학

손바닥에 구멍이 뚫린 듯이 보이는 이 마술은 사람의 눈이 두 개이기 때문에 일어나는 착시를 이용한 마술입니다. 사람의 눈은 두 개이기 때문에 물체의 깊이와 거리를 입체적으로 판단할 수 있습니다. 이를 입체시라고 말합니다. 우리의 뇌도 두 개의 눈에서 받은 시각 정보를 해석해서 정보를 파악합니다. 그런데 이번 실험처럼 두 눈이 서로 다른 상을 보게 되면 두 가지 시각 정보를 받은 뇌는 혼란스러워집니다. 그래서 일정한 거리 밖에 있는 대상물을 포개진 상태로 인식합니다. 왼쪽 눈으로 본 왼손에 구멍이 뚫린 것처럼 보인 이유는 오른쪽 눈으로 본 상이 겹쳐졌기 때문입니다.

누구의 키가 더 큰가요?

① 마술사의 공연

마술사가 두 개의 그림판을 보여 줍니다. 한 개의 그림판에는 남자아이가 그려져 있고 다른 한 개의 그림판에는 여자아이가 그려져 있습니다.

"지금 여러분이 보시다시피 남자아이와 여자아이 중에 남자아이의 키가 더 큽니다."

마술사는 여자아이 그림을 집어 올립니다.

"키가 작아서 불만인 여자아이의 키를 주문과 함께 늘려 볼까요? 수리수리마수리 얍!"

마술사가 그림판을 늘리는 시늉을 한 뒤 여자아이가 그려진 그림판을 남자아이가 그려진 그림판 오른쪽에 놓습니다. 그러자 신기하게도 여자아이 그림이 더 커집니다.

"이런, 남자아이의 키가 작아졌군요. 다시 남자아이의 키를 늘려 보겠습니다. 수리수리마수리 얍!"

마술사가 남자아이가 그려진 그림판을 들어 오른쪽으로 옮기자 이번에는 남자아이의 키가 더 커집니다.

② 마술에 숨어 있는 과학

그림판 속 아이의 키가 자라는 마술은 뇌가 시각 정보를 인식하는 데서 오는 착각을 이용한 마술입니다. 보통 시각 정보는 곧장 뇌로 전달되지만 뇌가 정보를 인식할 때는 주변과 비교를 통한 인식이 더 결정적으로 작용합니다. 뇌는 이미 가지고 있던 머릿속 기억과 주어진 시각 정보를 합쳐서 우리가 인식할 수 있게 해 줍니다.

두 그림판은 사실 똑같은 크기이지만 왼쪽은 길고 오른쪽은 짧은 타원 구조입니다. 그래서 두 개의 그림판을 나란히 놓으면 뇌는 가까이 있는 두 곡선의 차이를 먼저 인식합니다. 하나는 짧고 하나는 길다고 생각하게 되지요. 그렇기 때문에 그림판의 전체 크기는 같지만 왼쪽보다 오른쪽 그림판이 더 커 보이지요. 이때 왼쪽의 그림판을 들어 오른쪽으로 내려놓으면 뇌는 내려놓은 그림판을 더 크게 인식합니다.

꿈틀거리는 손

① 마술사의 공연

마술사는 관객들에게 커다란 회전판을 보여 줍니다.

"이 회전판은 최면을 거는 회전판입니다. 지금부터 회전판을 돌리면 모두 회전판을 뚫어지게 바라보십시오."

마술사가 이렇게 말을 하고 회전판을 힘차게 돌립니다. 15초 정도 지난 뒤 마술사가 말합니다.

"자, 이제 시선을 옮겨 여러분의 손을 바라보십시오."

관객들이 마술사의 말에 따라 손을 바라봅니다. 그러자 놀랍게도 손이 물결치는 것처럼 보입니다.

② 마술에 숨어 있는 과학

'꿈틀거리는 손'은 감각 세포들이 피곤해질 때 일어나는 현상을 이용한 마술입니다. 우리의 뇌가 움직이는 물체의 방향을 감지하면 눈과 뇌 역시

움직이는 방향에 대해 적응합니다. 하지만 계속해서 같은 방향으로 움직이는 시각 정보를 보다 보면 감각 세포들이 피곤해집니다. 이때 눈을 돌려 다른 물체를 보면 반대 방향 운동에 반응하는 다른 감각 세포들이 자극을 받습니다. 회전하는 원판을 보다가 자기 손을 보면 손이 마치 꿈틀거리듯 보이는 현상은 바로 이런 감각 세포가 자극을 받아 나타나는 현상입니다.

문제 1 우리가 원하는 대로 몸을 움직일 수 있는 이유는 무엇일까요?

문제 2 팔 근육과 심장 근육은 어떤 차이가 있나요?

3. 착시는 뇌의 착각 때문에 일어납니다. 뇌는 보통 눈이나 귀 같은 감각 기관을 통해서 바깥의 정보를 파악합니다. 그런데 뇌가 감각 기관을 통해 받는 모든 정보를 판단하는 데에는 한계가 있습니다. 그래서 뇌는 과거의 경험을 이용해서 사물을 판단합니다. 이럴 때 뇌는 종종 착각을 하게 되지요.

얏! 시리즈 드디어 150권 완간!

1999년부터 시작된 〈얏! 시리즈〉의 신화가 2011년 드디어 완성되었다.
즐기면서 공부하라, 〈얏! 시리즈〉가 있다!
과학·수학·역사·사회·문화·예술·스포츠를 넘나드는 방대한 지식!
깊이 있는 교양과 재미있는 유머, 기발한 에피소드까지, 선생님도 한눈에 반해 버렸다!
교과서를 뛰어넘고 싶거든 〈얏! 시리즈〉를 펼쳐라!

1 수학이 수군수군	23 질병이 자끈지끈	45 전기 없이는 못 살아	67 아찔아찔 아서왕 전설	89 만화가 마냥마냥	111 용감무쌍 탐험가들
2 물리가 물렁물렁	24 컴퓨터가 키득키득	46 지구를 구하는 환경지킴이	68 아른아른 아일랜드 전설	90 씽씽 인라인 스케이팅	112 빙글빙글 비행의 역사
3 화학이 화끈화끈	25 폭풍이 푸하푸하	47 우리 조상은 원숭인가요	69 부들부들 바이킹 신화	91 사아클이 사이사이	113 알쏭달쏭 스도쿠
4 수학이 또 수군수군	26 사막이 바싹바싹	48 놀이공원에 숨어 있는 과학	70 카랑카랑 카이사르	92 스르륵 스케이트보드	114 갈팡질팡 가쿠로
5 우주가 우왕좌왕	27 수학이 자꾸 수군수군 ③확률	49 빛과 UFO	71 불끈불끈 나폴레옹	93 축구가 으랏차차	115 의학이 으악으악
6 구석구석 인체 탐험	28 지진이 우르쾅쾅	50 자석은 마술쟁이	72 자동차가 부릉부릉	94 탱글탱글 테니스	116 노발대발 야생동물
7 식물이 시끌사끌	29 높은 산이 아찔아찔	51 이왕이면 이집트	73 환경이 육신육신	95 골프가 굴러굴러	117 좋아해요 조선시대
8 벌레가 벌렁벌렁	30 파고 파헤치는 고고학	52 그럴싸한 그리스	74 방송이 신통방통	96 믿지못해 미스터리	118 호수가 넘실넘실
9 동물이 뒹굴뒹굴	31 시간이 시시각각	53 모든 길은 로마로	75 동물의 수난시대	97 웬일이니 외계인	119 오돌오돌 남극북극
10 바다가 바글바글	32 유전이 요리조리	54 혁명이 후끈후끈	76 연극이 희희낙락	98 종교가 중얼중얼	120 온갖 섬이 들썩들썩
11 화산이 왈칵왈칵	33 오락가락 카오스	55 아슬아슬 아스텍	77 비행기가 비틀비틀	99 길이길이 기억해	121 야심만만 알렉산더
12 소리가 슥삭슥삭	34 감쪽같은 가상 현실	56 바이바이 바이킹	78 영화가 얼레꼴레	100 별볼일있는 별자리여행	122 별난 작가 별별 작품
13 진화가 진짜진짜	35 블랙홀이 불쑥불쑥	57 켈트족이 꿈틀꿈틀	79 세상에 이런 법이!	101 오싹오싹 무서운 독	123 쿵쿵쾅쾅 제1차 세계 대전
14 꼬르륵 뱃속여행	36 번쩍번쩍 빛 실험실	58 들썩들썩 석기시대	80 건축이 건들건들	102 에너지가 불끈불끈	124 쾅쾅탕탕 제2차 세계 대전
15 두뇌가 뒤죽박죽	37 우르쾅쾅 날씨 실험실	59 잉카가 이크이크	81 패션이 팔랑팔랑	103 태양계가 티격태격	125 우글우글 열대우림
16 번들번들 빛나리	38 움찔움찔 감각 실험실	60 사랑해요 삼국시대	82 미술이 수리수리	104 튼튼탄탄 내 몸 관리	126 종횡무진 시간모험
17 강물이 꾸물꾸물	39 지구가 지글지글	61 하늘빛 한국신화	83 꾸벅꾸벅 클래식	105 똑딱똑딱 시간 여행	127 스릴만점 모험가들
18 전기가 찌릿찌릿	40 생물이 생긋생긋	62 고려가 고마워요	84 팝뮤직이 기타등등	106 미생물이 미끌미끌	128 위풍당당 엘리자베스 1세
19 과학자는 괴로워	41 수학이 순식간에	63 새록새록 성경이야기	85 울록볼록 올림픽	107 이상야릇 수의 세계	129 와글와글 별별 지식
20 수학이 자꾸 수군수군 ①셈	42 원자력이 으사으사	64 끄덕끄덕 그리스신화	86 와글와글 월드컵	108 대수와 방정맞은 방정식	130 와글와글 별별 동식물
21 공룡이 용용 죽겠지	43 우주를 항해 날아라	65 새콤달콤 셰익스피어 이야기	87 야구가 야단법석	109 도형이 도리도리	131 어두컴컴 중세 시대
22 수학이 자꾸 수군수군 ②분수	44 돌고도는 물질의 변화	66 뜨끔뜨끔 동화 뜯어보기	88 영차영차 영국축구	110 섬뜩섬뜩 상각법	132 위엄가득 빅토리아 여왕
					133 대담무쌍 윈스턴 처칠
					134 번뜩번뜩 발명가들
					135 뜨끈뜨끈 지구 온난화
					136 기세등등 헨리 8세
					137 비밀의 왕 투탕카멘
					138 별별생각 과학자들
					139 생각번뜩 아인슈타인
					140 해안이 꾸불꾸불
					141 수학이 자꾸 수군수군 ④측정
					142 수학 공식이 꼬물꼬물
					143 상식이 두루두루
					144 영문법이 술술술
					145 최강 여왕 클레오파트라
					146 수학이 꿈틀꿈틀
					147 만능 천재 레오나르도 다 빈치
					148 과학 천재 아이작 뉴턴
					149 끔찍한 역사 퀴즈
					150 소름 돋는 과학 퀴즈

닉 아놀드 외 글 | 토니 드 솔스 외 그림 | 이충호 외 옮김 | 각권 5,900원

★ 1999 문화관광부 권장도서
★ 1999 한국경제신문 도서 부문 소비자 대상
★ 2000 국민, 경향, 세계, 파이낸셜 뉴스 선정 '올해의 히트 상품'
★ 2000 문화일보 선정 '올해의 으뜸 상품'
★ 간행물윤리위원회 선정 청소년 권장도서
★ 서울시교육청 중등 추천도서(23권) 선정
★ 소년조선일보 권장도서 | 중앙일보 권장도서
★ 롱프랑 청소년 과학도서상 수상
★ TES(The Times Educational Supplement)상 청소년 교양 부문 수상